ARTHUR CONAN DOYLE

EL VALLE DEL TERROR

•FONTANA•

ARTHUR CONAN DOYLE

EL VALLE DEL TERROR

TRADUCCIÓN:

YENIS OCHOA

PRÓLOGO Y PRESENTACIÓN:

JORGE A. SÁNCHEZ

EL VALLE DEL TERROR, Arthur Conan Doyle

© Olmak Trade S.L., 2024

Prólogo / Presentación: Jorge A. Sánchez
Traducción: Yenis Ochoa
Diseño gráfico / Ilustración portada: Daniel Jurado

Edita: Olmak Trade S.L.
C/ Roca Plana 1
08110 - Montcada i Reixac
Barcelona (España)

www.olmaktrade.com
info@olmaktrade.com

  @O_BookTrade
#ClásicosFontana

Impreso en España / Printed in Spain

Queda rigurosamente prohibida, sin la autorización escrita de los titulares del «Copyright», bajo las sanciones establecidas en las leyes, la reproducción parcial o total de esta obra por cualquier medio o procedimiento, comprendidos la reprografía y el tratamiento informático, y la distribución de ejemplares de ella mediante alquiler o préstamo públicos.

I.S.B.N: 978-84-10109-67-4
Depósito Legal: B 10105-2024

Nota preliminar

El autor

Sir Arthur Conan Doyle, el famoso novelista inglés creador de Sherlock Holmes, nació en Edimburgo, Escocia, el 22 de mayo de 1859, siendo miembro de una familia de católicos de origen normando.

Practica la medicina hasta 1890, época en que comienza a escribir, publicando en poco tiempo dos novelas que marcarán definitivamente toda su obra posterior: *Micah Clarke* (1889), relato histórico en la línea de Walter Scott, y *Estudio en escarlata* (1887), primera novela del ciclo de Sherlock Holmes, con el que —posteriormente— lograría un reconocimiento mundial.

Los «libros de Sherlock Holmes» son nueve: desde el ya mencionado *Estudio en Escarlata* (1887), novela en la cual Conan Doyle presenta a Sherlock Holmes y el doctor Watson; siguiendo por *El signo de los cuatro* (1890), en donde Holmes explica por primera vez su «ciencia de la deducción»; para terminar con *El archivo de Sherlock Holmes* (1927), doce relatos con las últimas apariciones de nuestro detective.

Murió en Crowborough, Sussex, el 7 de julio de 1930.

Las narrativa detectivesca y Sherlock Holmes

La narrativa detectivesca, también llamada novela policial o novela de misterio, es un típico producto de la evolución de la novela romántica, en busca de un elemento racional ante el simple misterio, efecto que también se nota en el cuento fantástico y la ciencia ficción.

Sin adentrarnos demasiado a filosofar sobre los orígenes, desarrollo e influencia posterior de este estilo, hasta llegar al moderno policial negro, podemos decir que la narrativa detectivesca «expone un hecho delictivo —preferentemente un asesinato misterioso— en torno del cual se desenvuelve una investigación policial; en el relato suele haber, además de la víctima, un detective (casi siempre *amateur*), un asesino cuya identidad no llega a descubrirse hasta el desenlace de la anécdota y un conjunto de personajes adicionales cuya intervención en los sucesos permite multiplicar pistas y sospechosos. Hay, pues, dos figuras "sobrehumanas" —el detective y el asesino— que libran una lucha a muerte, circundadas por individuos de naturaleza más bien común y hasta un poco torpe».

Edgar Allan Poe, como es bien sabido, no solamente es el creador del relato policial, sino que —como dice Borges— el creador del lector de este tipo de ficciones. Su investigador, C. Auguste Dupin, «es el primero de todos, el modelo, el arquetipo podemos decir, que vive con un amigo y él es el amigo que refiere la historia. Esto también forma parte de la tradición y fue tomado mucho tiempo después de la muerte de Poe por el escritor irlandés Conan Doyle. Conan toma ese tema, un tema atractivo en sí, de la amistad entre dos personas distintas, que viene a ser, de alguna forma, el tema de la amistad de don Quijote y Sancho, salvo que nunca llegan a una amistad perfecta».

Los detectives realmente satisfactorios —sin entrar en los de la «serie negra», que pertenecen a un ámbito y unos propósitos muy diferentes— son escasos. A. H. Auden destaca sólo tres: Sherlock Holmes, el inspector French (creación de Freeman Wills Crofts) y el padre Brown, de Chesterton, posiblemente el auténtico continuador de Poe. Su labor es resolver el enigma plateado, y para ello lo mejor es que sea un *amateur*, ya que esto impide que se deje influir por las motivaciones éticas del caso, sino más bien por las consecuencias estéticas de éste: la restauración del orden en el caos.

El carácter de Holmes fue inspirado por un eminente cirujano de Edimburgo, el doctor Joseph Bell (1837-1911), que fue profesor de Conan Doyle. Luego, al decir de Borges, «Conan Doyle imagina un personaje bastante tonto, con una inteligencia un poco inferior a la del lector, a quien llama el doctor Watson; el otro es un personaje un poco cómico y un poco venerable, también: Sherlock Holmes. Hace que las proezas intelectuales de Sherlock Holmes sean referidas por su amigo Watson, que no cesa de maravillarse y siempre se maneja por las apariencias, que se deja dominar por Sherlock Holmes y a quien le gusta dejarse dominar».

También Auden le define bien: «Holmes es un individuo excepcional que se halla en estado de gracia porque es un genio en quien la curiosidad científica se eleva hasta el nivel de una pasión heroica. Es erudito, pero sus conocimientos son absolutamente especializados (por ejemplo, véase su ignorancia del sistema copernicano); en todas las cuestiones ajenas a su campo es tan desvalido como un niño (por ejemplo, su desaliño), y paga el precio por su desinterés científico (su negligencia de los sentimientos) siendo víctima de la melancolía, que le ataca siempre que no está ocupado en un caso (por ejemplo, su costumbre de tocar el violín y tomar cocaína).

»Positivamente, su motivo para ser detective es el amor a la verdad neutral (no le interesan los sentimientos del culpable o el inocente) y, negativamente, la necesidad de escapar de sus propios sentimientos de melancolía. Su actitud hacia la gente y su técnica de observación y deducción son los de un químico o un físico. Si escoge a seres humanos en vez de materia inanimada, es porque investigar lo inanimado resulta poco heroico y demasiado fácil, ya que allí es imposible mentir, cosa que los seres humanos pueden y hacen, de modo que al tratar con ellos, la observación debe ser doblemente penetrante y la lógica tiene que ser doblemente rigurosa.»

Para no extendernos en demasía, sólo agregaremos que los «libros de Sherlock Holmes» son nueve: desde el ya mencionado *Estudio en escarlata* (1887), novela en la cual Conan Doyle presenta a Sherlock Holmes y el doctor Watson; siguiendo por *El signo de los cuatro* (1890), en donde Holmes explica por primera vez su «ciencia de la deducción»; para terminar con *El archivo de Sherlock Holmes* (1927), doce relatos con las últimas apariciones del nuestro detective.

Jorge A. Sánchez

ARTHUR CONAN DOYLE

EL VALLE DEL TERROR

PRIMERA PARTE
La tragedia de Birlstone

Capítulo I
LA ADVERTENCIA

—Estoy proclive a pensar... —dije.

—Yo debería hacer lo mismo —Sherlock Holmes observó impacientemente.

Pienso que soy uno de los más pacientes de entre los mortales; pero admito que me molestó esa irónica interrupción.

—De verdad, Holmes —dije con rigor— es un poco irritante en ciertas ocasiones.

Estaba muy embelesado en sus propios pensamientos para dar una respuesta inmediata a mi réplica. Se recostó sobre su mano, con su desayuno intacto ante él, y clavó su mirada en el trozo de papel que acababa de sacar de su sobre. Luego tomo el mismo sobre, tendiéndolo contra la luz y estudiándolo cuidadosamente, tanto el exterior como la cubierta.

—Es la escritura de Porlock —dijo pensativo—. Me quedan pocas dudas de que sea su escritura, aunque la haya visto sólo dos veces anteriormente. La e griega con el peculiar adorno arriba es muy distintiva. Pero si es Porlock, entonces debe ser algo de gran importancia.

Hablaba más consigo mismo que conmigo; pero mi incomodidad desapareció para que prevaleciera al interés que despertaron aquellas palabras.

—¿Quién es ese Porlock? —pregunté.

—Porlock, Watson, es un nom-de-plume, una simple señal de identificación; pero detrás de ella se esconde una personalidad deshonesta y evasiva. En una carta formal me informó abiertamente que aquel nombre no era suyo, y me desafió incluso a seguir su rastro entre los millones de personas de esta gran ciudad. Porlock es importante, no por sí mismo, sino por el gran hombre con quien se mantiene en contacto. Imagínese usted al pez piloto con el tiburón, al chacal con el león, cualquier cosa que sea insignificante en compañía de lo que es formidable: no sólo formidable, Watson, pero siniestro, en el más alto nivel de lo siniestro. Allí es cuando entra en lo que le estoy diciendo. ¿Me ha oído usted hablar del profesor Moriarty?

—El famoso científico criminal, tan famoso entre los maleantes como...

—¡Por mi vida, Watson! —murmuró Holmes en tono desaprobatorio.

—Estaba a punto de decir, como desconocido para el público.

—¡Un poco! En cierto modo —dijo Holmes—. Está desarrollando un inesperado pero cierto sentido agudo del humor, Watson, contra el que debo aprender a cuidarme. Pero al llamar criminal a Moriarty está expresando una difamación ante los ojos de la ley. ¡Y es precisamente allí donde yace la gloria y maravilla de esto! El más grande maquinador de todos los tiempos, el organizador de cada maldad, el cerebro que controla el sub-mundo, un cerebro que puede haber construido o destruido el destino de las naciones, ése es nuestro hombre. Pero tan lejos está de sospechas, tan inmune a la crítica, tan admirable en sus manejos y sus "actuaciones", que por esas palabras que acaba de pronunciar, lo podría llevar a la corte y hacerse con su pensión anual como una reparación a su personalidad ofendida. ¿No es él el elogiado autor de Las Dinámicas de un Asteroide, un libro que asciende a tan raras cuestiones de matemática pura, que se dice que no hay individuo en la prensa científica capaz de criticarlo? ¿Es éste un hombre que delinque? ¡Doctor mal hablado y profesor calumniado, esos serían sus respectivos roles! Eso es ser un genio, Watson. Pero si soy relevado por gente de menor inteligencia, nuestro día seguramente vendrá.

—¡Espero estar ahí para verlo! —exclamé con devoción—. Pero estábamos hablando de este hombre, Porlock.

—Ah, sí, el así llamado Porlock es un eslabón en la cadena a poco camino de su gran obsesión. Entre nosotros, Porlock no es un eslabón real. Es el único defecto en esa cadena hasta donde he podido observarla.

—Pero ninguna cadena es más fuerte que su enlace más débil.

—¡Exacto, mi querido Watson! Aquí está la extrema importancia de Porlock. Guiado por aspiraciones rudimentarias hacia el derecho, y estimulado por un ocasional cheque por diez libras enviado para él a través de métodos indirectos, me ha dado una o dos veces información avanzada que ha sido de valor, del más grande valor, puesto que anticipa y previene más que vengar el crimen. No puedo titubear de ello, si tuviéramos la clave, encontraríamos que esta comunicación es de la naturaleza que digo.

Otra vez Holmes aplastó el papel contra su plato intacto. Yo me levanté e, inclinándome hacia él, observé detenidamente la curiosa inscripción, que decía lo siguiente:

534 C2 13 127 36 31 4 17 21 41

DOUGLAS 109 293 5 37 BIRLSTONE

26 BIRLSTONE 9 47 171

—¿Qué obtiene de esto Holmes?

—Es obviamente un intento de transmitir información secreta.

—¿Pero cuál es el sentido de un mensaje en cifras sin la clave?

—En este momento, no del todo.

—¿Qué quiere decir con "en este momento"?

—Porque hay muchos números que yo leeré tan fácil como la apócrifa al final de una columna de avisos: Medios tan crudos entretienen a la inteligencia sin siquiera fatigarla. Pero esto es diferente. Es claramente una referencia a las palabras de la página de algún libro. Hasta que me diga qué página y qué libro no puedo hacer nada.

—¿Pero por qué "Douglas" y "Birlstone"?

—Obviamente porque dichas palabras no están en la página en cuestión.

—¿Entonces por qué no ha revelado el libro?

—Su perspicacia innata, mi querido Watson, esa astucia que es el deleite de sus amigos, lo prevendría de colocar la clave y el mensaje en el mismo sobre. En caso que se extravíe, estaría incompleto. Por ello, ambos deben ir por distintos rumbos antes que algún peligro los amenace. Nuestra segunda pista está demorada, y estaría sorprendido si no nos trae o una explicación más pormenorizada de la carta, o, lo que es más probable, el mismo volumen a lo que estos números se refieren.

Los cálculos de Holmes se realizaron en pocos minutos con la aparición de Billy, el botones, con la carta que estábamos esperando.

—La misma escritura, —me indicó Holmes, al abrir el sobre— y esta vez está firmada —añadió con interés mientras abría la epístola—. Vamos, ya estamos llegando, Watson—. Sin embargo, su frente se nubló al fijarse en el contenido.

—¡Por Dios!, esto es muy decepcionante. Me temo, Watson, que todas nuestras expectativas colisionaron con nada. Confió en que este hombre, Porlock, saldrá sin problemas de esto.

> "Estimado Mr. Holmes [decía]:
>
> No iré más lejos en el asunto. Es demasiado peligroso, el sospecha de mí. Puedo ver que él sospecha de mí. Vino inesperadamente luego de que escribiese la dirección en el sobre con la intención de enviarle la clave del cifrado. Fui capaz de esconderla. Si la hubiera visto, me hubiera ido realmente mal. Pero puedo leer la desconfianza en sus ojos. Por favor queme el mensaje en cifras, que ahora ya no puede ser útil para usted.
>
> FRED PORLOCK"

Holmes se sentó por un momento doblando esta misiva entre sus dedos, frunciendo las cejas, mientras se detenía junto al fuego.

—Después de todo —dijo finalmente— puede que no haya nada en él. Puede ser sólo su conciencia culpable.

Conociéndose a sí mismo como traidor, puede haber leído una acusación en los ojos de los demás.

—La otra persona a la que se refiere, presumo, que es Moriarty.

—¡Nada menos! Cuando cualquiera de esa sociedad habla de "él" uno sabe a quién se refiere. Hay un "él" predominante entre todos ellos.

—¿Pero qué puede hacer él?

—¡Hum! Ésa es una buena pregunta. Cuando tienes a uno de los primeros cerebros de Europa en tu contra, y todos los poderes de la oscuridad tras él, hay infinitas posibilidades. De cualquier forma, el amigo Porlock está indudablemente asustado por encima de todas las sensaciones. Cuidadosamente compare la escritura en la nota con la del sobre, que fue hecha, él nos lo dijo, antes de esa inadvertida visita. Ésta es clara y firme, la otra es difícilmente legible.

—¿Pero por qué escribió después de todo? ¿Por qué no simplemente tiró la nota?

—Porque temía que yo hiciera algunas investigaciones sobre él en ese caso, y le acarreara muchos problemas.

—Sin duda —dije—. Por supuesto —había levantado el cifrado original y doblé mi frente hacia él—. Es un poco sorprendente saber que un importante secreto pueda yacer en este pedazo de papel, y que penetrar en él está más allá de los poderes humanos.

Sherlock Holmes había retirado su desayuno sin probar y encendió su pipa sin sabor que era su compañía en sus profundas meditaciones.

—Me pregunto... —dijo, recostándose y observando el techo—. Tal vez hay puntos que hayan escapado su pensamiento maquiavélico. Consideremos el problema en la luz de la razón pura. La referencia de este hombre es un libro. Ése es nuestro punto de partida.

—Uno algo vago.

—Veamos si lo podemos acortar. A la par que concentro mi mente en ello, éste se vuelve en algo un poco menos impenetrable. ¿Qué indicaciones tenemos acerca de este libro?

—Ninguna.

—Bueno, bueno, probablemente no es tan malo como eso. El mensaje comienza con un gran 534, ¿no es así? Podemos tomar como una hipótesis que el 534 es la página en particular a la que el cifrado se refiere. Así, nuestro libro se ha convertido en un gran libro, que ya es algo. ¿Qué otras indicaciones tenemos sobre la naturaleza de este gran libro? El siguiente signo es C2. ¿Qué deduce de eso, Watson?

—Segundo capítulo, sin duda.

—Eso es muy difícil, Watson. Usted, estoy seguro, estará de acuerdo conmigo en que si se nos ha dado la página, el número del capítulo ya no tiene relevancia. También que si la página 534 recién está en el segundo capítulo, la longitud de la primera debe ser bastante intolerable.

—Columna —exclamé.

—Brillante, Watson. Está muy despierto esta mañana. Si no significa columna, entonces estoy completamente engañado. Ahora, ve usted, comenzamos a vislumbrar un gran libro, impreso en columnas dobles que son de considerable extensión, pues una de las palabras está indicada en documento como la doscientos noventa y tres. ¿Ya hemos llegado a los límites que la razón nos puede proporcionar?

—Me temo que ya los hemos tocado.

—Ciertamente comete una injusticia consigo mismo. Un centelleo más, mi querido Watson, sólo un poco más de esfuerzo cerebral. Si el volumen hubiera sido una rareza, me lo habría enviado. En lugar de eso, él quiso, antes que sus planes se derrumbaran, enviarme las pistas en ese sobre. Él lo dice en la nota. Esto quiere decir que el libro es uno el cual él piensa que no tendré dificultad alguna en encontrarlo por mí mismo. Él lo posee, y se imaginará que yo poseo uno también. En resumen, Watson, este es un libro muy común.

—Lo que dice suena muy aceptable.

—Así, hemos reducido nuestro campo a un libro extenso, impreso en dobles columnas y de uso cotidiano.

—¡La Biblia! —pronuncié triunfante.

—¡Bien, Watson, bien! ¡Aunque no, si puedo decirlo, lo suficiente! No podría nombrar otro volumen que se relacionara tan poco con los hombres de Moriarty. Además, las ediciones de las Sagradas Escrituras son tan numerosas que difícilmente supondrá que dos copias tendrán los mismos números de página. Éste es claramente un libro que está estandarizado. Da por seguro que su página 534 se corresponderá con mi página 534.

—Pero pocos libros tienen esas características.

—Exacto. He ahí nuestra salvación. Nuestra búsqueda se ha reducido a libros estandarizados que cualquiera puede tener.

—¡Bradshaw!

—Hay ciertas dificultades, Watson. El vocabulario de Bradshaw es nervioso y lacónico, limitado. La selección de palabras vagamente se prestaría para enviar mensajes generales. Eliminaremos Bradshaw. El diccionario es, me temo, inadmisible por la misma razón. ¿Qué es lo que queda?

—¡Un almanaque!

—¡Excelente, Watson! Hubiera estado errado si no hubiera tocado con ese punto. ¡Un almanaque! Consideremos los servicios del Whitaker's Almanac. Es de uso común. Tiene el número de páginas requerido. Está en dos columnas. Aunque reservado en su vocabulario al inicio, se convierte, si mal no recuerdo, en algo muy locuaz hacia el final —cogió el volumen de su carpeta—. He aquí, página 534, segunda columna, una substancial columna sobre las relaciones de estampados, me parece, con el comercio y recursos de la India Británica. ¡Apunte las palabras, Watson! El número trece es "Mahratta". Me temo que no es un comienzo muy prometedor. Número ciento veintisiete es "Gobierno", lo que al menos tiene sentido, aunque algo irrelevante para nosotros y el profesor Moriarty. Ahora, probemos de nuevo. ¿Qué es lo que hace el Gobierno de Mahratta? La siguiente palabra es "cerdas". ¡Estamos acabados, mi querido Watson! ¡es todo!

Había hablado en sentido burlón, pero la contracción de sus pobladas cejas anunciaba su decepción e irritación. Me senté sin poder ayudar y descontento, observando el fuego. Un largo silencio fue perturbado por una súbita exclamación de Holmes, que corrió al armario del que emergió con un segundo volumen color amarillo en su mano.

—¡Pagamos el precio, Watson, por están tan al corriente con las fechas! —exclamó—. Lo estamos, y sufrimos los castigos comúnmente. Siendo sólo el 7 de enero, hemos confiado a ciegas en el nuevo almanaque. Es muy probable que Porlock tomara su mensaje del anterior. No hay duda de que nos lo habría dicho de haber escrito su nota de explicación. Ahora veamos que nos aguarda la página 534. Número trece es "Hay", lo que es mucho más prometedor. Número ciento veintisiete es "un". "Hay un" —los ojos de Holmes brillaban de excitación y sus delgados y nerviosos dedos temblaban mientras pronunciaba las palabras. "Peligro", ¡Ha, ha! ¡Importante! Ponga eso, Watson. "Hay" "un" "peligro" "puede" "venir" "muy" "pronto" "uno". Luego tenemos el nombre "Douglas" "rico" "hombre del campo" "ahora" "en" "Birlstone" "House" "Birlstone" "confidencia" "es" "urgente" ("There" "is" "danger" "may" "come" "very" "soon" "one" "Douglas" "rich" "country" "now" "at" "Birlstone" "House" "Birlstone" "confidence" "is" "pressing"). ¡Lo tenemos, Watson! ¿Qué piensa de la razón pura y su fruto? Si el tendero tuviera algo así como una corona de laureles, debería enviar a Billy inmediatamente por una.

Me quedé mirando fijamente el mensaje que había garabateado, mientras él lo descifraba, en una hoja de papel oficio en mi rodilla.

—¡Qué rara y enmarañada manera de expresar su significado! —dije.

—Por el contrario, lo ha hecho de una forma muy notable —dijo Holmes—. Cuando uno busca en una columna palabras para precisar un significado, difícilmente puedes encontrar todas las que quisieras. Estás forzado a dejar algo para la inteligencia de tu correspondiente. El significado está perfectamente claro. Una maldad se está tramando en contra de un tal Douglas, que quien quiera que sea, es un rico caballero campestre. Está seguro, "confidencia" fue lo más cerca que pudo tener a "confidente", que es apremiante. He allí nuestro resultado, y un trabajo muy bien elaborado en análisis terminó siendo.

Holmes tenía la alegría imprecisa de un verdadero artista en su mejor trabajo, incluso mientras se lamentaba oscuramente cuando caía debajo del gran nivel al que él aspiraba. Aún se reía muy discretamente cuando Billy abrió la puerta y el inspector MacDonald de Scotland Yard fue conducido al cuarto.

Esos eran los primeros días a finales de los 80's cuando Alec MacDonald estaba lejos de haber alcanzado la fama nacional que ahora ha alcanzado. Era un joven, pero confiable, miembro del departamento de detectives, que se había destacado en varios casos que se le habían encomendado. Su alta y huesuda figura daba rasgos de excepcional fuerza física, que su gran cráneo y profundos, lustrosos ojos hablaban no menos de su filosa inteligencia que chispeaba de sus frondosas cejas. Era un callado y preciso hombre con un temperamento serio y un fuerte acento de Aberdeen.

Dos veces en su carrera le ayudó Holmes en alcanzar el éxito, siendo su única recompensa el disfrute intelectual en los problemas. Por esta razón, la inclinación y el respeto del escocés hacia su colega aficionado eran profundos, y los manifestaba con la sinceridad con la que consultaba a Holmes en cada dificultad. La mediocridad no conoce nada más allá de ella, pero el talento instantáneamente reconoce a los genios, y MacDonald tenía talento suficiente para su profesión para permitirle percibir que no había humillación en buscar la asistencia de alguien que ya se erguía entre toda Europa, tanto en sus dones como en su experiencia. Holmes no estaba predispuesto a la amistad, pero era tolerante con el gran escocés, y sonrió al aparecer su figura.

—Usted es un pájaro madrugador, Mr. Mac —dijo él—, le deseo suerte con su gusano. Me temo que esto significa que hay alguna diablura en progreso.

—Si dijera "espero" en lugar de "me temo", estaría más cerca de la verdad. Estoy pensando, Mr. Holmes —el inspector respondió con una sonrisa—. Bien, tal vez un pequeño trago disipará el frío de la cruda mañana. No, no fumaré, gracias. Deberé esforzarme mucho, pues las horas más tempranas de un caso son las más preciosas, como no sabe otro hombre mejor que usted. Pero..., pero...

El inspector se había interrumpido de repente, y miraba inmutablemente con absoluto asombro un papel que había sobre la mesa. Era la hoja sobre la que yo había garabateado el enigmático mensaje.

—¡Douglas! —balbuceó —¡Birlstone! ¿Qué es esto, Mr. Holmes? ¡Hombre, eso es una brujería! ¿Dónde, en nombre de todos los dioses, obtuvo estos nombres?

—Es un código que el Dr. Watson y yo tuvimos oportunidad de resolver. ¿Pero por qué, qué hay de extraño con esos nombres?

El inspector nos miraba al uno y al otro con sorpresa confundida.

—Sólo esto —dijo—, que Mr. Douglas de Birlstone Manor House fue horriblemente asesinado anoche.

Capítulo II
SHERLOCK HOLMES HACE UN DISCURSO

Era uno de esos dramáticos momentos por los que mi amigo existía. Hubiera sido una exageración decir que estaba alterado o incluso excitado por el increíble aviso. Sin tener una gota de crueldad en su singular composición, era indudablemente duro a partir de una extensa sobreestimulación. Aun así, si sus emociones eran opacas, sus percepciones intelectuales eran excesivamente activas. No había ni vestigio del horror que yo sí había sentido con esa cruda declaración, pero su rostro mostró, en su lugar, la inalterable e interesada postura del químico que ve los cristales cayendo de su posición inicial por la solución sobresaturada.

—¡Extraordinario! —dijo— ¡Extraordinario!

—No se ve muy sorprendido.

—Interesado, Mr. Mac, pero apenas sorprendido. ¿Por qué debería estarlo? Recibo un mensaje anónimo de un origen que sé que es importante, advirtiéndome que un peligro amenaza a cierta persona. En una hora me entero que este peligro ya se ha materializado y que la persona está muerta. Estoy interesado; pero, como observa, no estoy sorprendido.

En pocas cortas oraciones explicó al inspector los hechos acerca de la carta y el cifrado. MacDonald se sentó con su mentón en sus manos y sus grandes y rojizas cejas juntadas en un embrollo amarillo.

—Me iba a dirigir a Birlstone esta mañana —dijo—. Vine a preguntarle si le interesaba venir conmigo, usted y su amigo aquí. Pero por lo que dice podríamos quizá hacer un mejor trabajo en Londres.

—Más bien pienso que no —señaló Holmes.

—¡Mire bien esto, Mr. Holmes! —exclamó el inspector—. Los periódicos estarán llenos del misterio de Birlstone en un día o dos; ¿pero dónde está el misterio si hay un hombre en Londres que profetizó el crimen antes de que aconteciera? Simplemente debemos echar el guante a ese hombre, y el resto vendrá por añadidura.

—Sin duda, Mr. Mac. ¿Pero cómo se propone echar el guante al tal Porlock?

MacDonald volteó la carta que Holmes le había alcanzado.

—Echada en Camberwell...: eso no nos ayuda mucho. El nombre, usted dice, es falso. No hay mucho para avanzar, de verdad. ¿No dijo que le había enviado dinero?

—Dos veces.

—¿Y cómo?

—En cheques a la oficina de correos de Camberwell.

—¿Alguna vez se molestó en ir a ver quién los cobraba?

—No.

El inspector se vio estupefacto y un poco alterado.

—¿Por qué no?

—Porque siempre mantengo la fe. Le prometí cuando escribió por primera vez que no intentaría rastrearlo.

—¿Piensa que hay alguien tras él?

—Sé que lo hay.

—¿El profesor que lo oí mencionar?

—¡Exactamente!

El inspector MacDonald se sonrió, y su párpado se estremeció mientras observaba hacia mí.

—No se lo ocultaré, Mr. Holmes, pero en la División de Investigaciones Criminales creemos que siente algo así como una abeja en su sombrero cuando habla sobre este profesor. He hecho investigaciones al respecto por mí mismo. Parece ser una clase de hombre muy respetable, ilustrado y talentoso.

—Me alegro que haya ido tan lejos como para reconocer su talento.

—¡Hombre, no puede sino reconocerlo! Después de ver su punto de vista hice que mi tarea fuera ir a verlo. Tuve una conversación con él sobre los eclipses. Cómo la charla fue hacia ese camino, no lo sé; pero con una linterna de reflexión y un globo terráqueo lo aclaró todo en un minuto. Me prestó un libro; pero no me preocupa decir que está un poco avanzado para mí cabeza, a pesar que tengo una buena educación de Aberdeen. Él hubiera sido un gran ministro con esa delgada cabeza y gris cabello y manera de hablar solemne. Cuando posó su mano en mi hombro al despedirnos, fue como la bendición de un padre antes de ir a un mundo frío y cruel.

Holmes dejó ver una risita y frotó sus manos.

—¡Estupendo! —dijo— ¡Estupendo! ¿Dígame, amigo MacDonald, esta agradable y conmovedora entrevista fue, me imagino, en el estudio del profesor?

—Así es.

—Una bonita habitación, ¿no es cierto?

—Muy bonita... muy elegante mejor dicho, Mr. Holmes.

—¿Se sentó frente a su escritorio?

—Justo lo que dice.

—¿El sol caía en los ojos de usted y la cara de él estaba en sombras?

—Bueno, ya era de tarde; pero recuerdo que la lámpara estaba dando a mi rostro.

—Debería estarlo. ¿Pudo ver una pintura encima de la cabeza del profesor?

—No me pierdo de mucho, Mr. Holmes. Tal vez aprendí ello de usted. Sí, vi la pintura... una mujer joven con su cabeza en sus manos, asomándose de lado a lado.

—Ese cuadro está hecho por Jean Baptiste Greuze.

El inspector se esforzó en verse intrigado.

—Jean Baptiste Greuze —Holmes continuó, juntando la punta de sus dedos y recostándose en su silla— fue un artista francés que floreció entre los años 1750 y 1800. Aludo, verdaderamente, su carrera artística. La crítica moderna ha hecho más que respaldar la alta opinión que tenían de él sus contemporáneos.

Los ojos del inspector se ensancharon abstractamente.

—No sería mejor... —manifestó.

—Lo estamos haciendo —Holmes lo interrumpió—. Todo lo que estoy diciendo tiene un lazo muy directo y vital con lo que usted ha llamado el Misterio de Birlstone. De hecho, puede ser en un sentido el mismo centro de él.

MacDonald sonrió débilmente, y me miró como buscando mi apoyo.

—Sus pensamientos se agitan demasiado rápido para mí, Mr. Holmes. Deja un eslabón o dos, y no puedo atravesar la brecha. ¿Cuál en todo el grande y ancho mundo puede ser la conexión entre este fallecido pintor y lo acontecido en Birlstone?

—Todo conocimiento es relevante para el detective —remarcó Holmes—. Incluso la certeza trivial que en el año 1865 un cuadro de Greuze titulado "La Jeune Fille a l'Agneau" alcanzó un millón doscientos mil francos, más de cuarenta mil libras, en la venta de Portalis puede comenzar un tren de reflexiones en su mente.

Era claro que lo logró. El inspector se vio honestamente cautivado.

—Puedo recordarle —continuó Holmes— que el salario del profesor puede ser indagado en varios libros confiables de referencias. Es de setecientos al año.

—Entonces cómo pudo comprar...

—¡Así es! ¿Cómo pudo?

—Hey, eso es sorprendente —dijo el inspector consideradamente—. Diga más, Mr. Holmes. Lo estoy disfrutando. ¡Es grandioso!

Holmes sonrió. Siempre se entusiasmaba por una legítima admiración, la característica del real artista.

—¿Qué hay acerca de ir a Birlstone?

—Tenemos tiempo aún —contestó el inspector, mirando su reloj—. Tengo un taxi en la puerta y no nos tomará ni veinte minutos en llegar a Victoria. Pero sobre esta pintura: Pensé que me había dicho una vez, Mr. Holmes, que nunca se hubo encontrado con el profesor Moriarty.

—No, nunca lo he hecho.

—¿Entonces, cómo conoce sus habitaciones?

—Ah, ése es otro punto. He estado tres veces en sus aposentos, dos de ellas esperándolo bajo diferentes pretextos y retirándome antes que regrese. Una vez...

bueno, difícilmente puedo contarle sobre esa vez a un detective oficial. Fue en la última ocasión que me tomé la libertad de rebuscar entre sus papeles... con los más inesperados resultados.

—¿Encontró algo comprometedor?

—Absolutamente nada. Eso fue lo que me impresionó. Sin embargo, ha visto ahora el motivo de hablar de la pintura. Demuestra que es un hombre muy pudiente. ¿Dónde adquiere sus riquezas? Es soltero. Su hermano menor es un director de estación en el oeste de Inglaterra. Su cátedra vale setecientos al año. Y tiene un Greuze.

—¿Bueno?

—Seguramente la deducción sencilla.

—¿Quiere usted decir que posee un gran ingreso y que debe obtenerlo de la manera ilegal?

—Exacto. Obviamente tengo otras razones para pensar en ello... docenas de pequeños hilos que nos llevan vagamente hacia el centro de la telaraña donde la venenosa, inmóvil criatura está al acecho. Sólo mencioné al Greuze porque lleva al asunto al rango de su propia observación.

—Bueno, Mr. Holmes, admito que lo que dice es interesante: es más que interesante... es soberbio. Pero vamos a hacerlo un poco más despejado si usted puede. ¿Es falsificación, acuñación de monedas falsas, robos... de dónde proviene el dinero?

—¿Ha leído alguna vez sobre Jonathan Wild?

—Bueno, el nombre me suena familiar. Un personaje de novela, ¿no es así? Yo no sé mucho de detectives de novelas... sujetos que hacen las cosas y nunca te dejan ver cómo las hicieron. Eso es sólo inspiración: no es mi negocio.

—Jonathan Wild no fue un detective, y no pertenece a una novela. Era un maestro criminal, y vivió en el siglo pasado... 1750 o en sus alrededores.

—Entonces no tiene ninguna importancia para mí. Soy un hombre práctico.

—Mr. Mac, la cosa más práctica que pueda hacer en su vida es encerrarse por tres meses y leer doce horas al día los anales del crimen. Todo viene en círculo, incluso el profesor Moriarty. Jonathan Wild era la fuerza oculta de los criminales de Londres, por lo que vendía sus cerebros y su organización por una comisión del quince por ciento. La vieja rueda se vuelve, y el mismo discurso se repite. Todo ya ha sido hecho antes, y lo será de nuevo. Le diré una o dos cosas en relación a Moriarty que le podrían atraer.

—Desde luego que me atraerá, ya de por sí.

—Yo sé quién es el primer eslabón en su cadena... una cadena con este Napoleón envilecido a un lado y un ciento de peleadores arruinados, ladronzuelos, chantajistas y fulleros al otro, con cualquier clase de crimen en medio. Su jefe de estado mayor es el coronel Sebastian Moran, tan reservado y guardado e inaccesible a la ley como él mismo. ¿Cuánto cree que le paga?

—Me gustaría escucharlo.

—Seis mil al año. Eso es pagar por cerebros, ve usted, el principio de negocios americano. Obtuve esa referencia casi por casualidad. Es más de lo que gana el Primer Ministro. Eso le da una idea de las ganancias de Moriarty y la escala en la que trabaja. Otro punto: Hice que mi trabajo fuese seguir algunos de los cheques de Moriarty últimamente... sólo comunes e inocentes cheques con los que paga las facturas de su renta. Estaban girados en seis distintos bancos. ¿Eso hace alguna impresión en su mente?

—¡Singular, ciertamente! ¿Pero qué obtiene de ello?

—Que no quiere levantar comentarios sobre su riqueza. Ningún hombre debe saber lo que tiene. No dudo de que tenga veinte cuentas bancarias; el grueso de su fortuna en el exterior en el Deutsche Bank o el Credit Lyonnais es probable. Alguna vez cuando tenga un año o dos para disponer le recomendaría el estudio del profesor Moriarty.

El inspector MacDonald se mostraba firmemente más impresionado a la par que la conversación procedía. Se había perdido en su fascinación. Ahora, su práctica inteligencia escocesa lo trajo de vuelta con un chasquido al asunto en cuestión.

—Se puede observar, circunstancialmente —prorrumpió—. Nos tuvo desviados con sus curiosas anécdotas, Mr. Holmes. Lo que realmente cuenta es su indicación de que hay una conexión entre este profesor y el crimen. Eso lo sabe por la advertencia recibida a través del hombre Porlock. ¿Podemos, por nuestras necesidades prácticas presentes, ir más lejos de ello?

—Podemos crear una concepción sobre los motivos del crimen. Es, como lo percibo por sus primeros comentarios un inexplicable, o por lo menos inexplicado, crimen. Ahora, asumiendo que el origen del crimen es quien sospechamos, puede haber dos motivos diferentes. En primer lugar, debo decir que Moriarty gobierna con una barra de hierro sobre su gente. Su disciplina es tremenda. Sólo hay un castigo en su código. Es la muerte. Entonces podemos suponer que este hombre asesinado, este Douglas cuya próxima suerte fue conocida por uno de los subordinados del archicriminal, hubo de alguna manera traicionado al jefe. Su castigo siguió a ello, y debió ser sabido por todos... tal vez solamente para poner terror de muerte sobre todos ellos.

—Bueno, eso es una sugestión, Mr. Holmes.

—La otra es que fue maquinado por Moriarty en el ordinario curso de sus trabajos. ¿Hubo algún hurto?

—No lo he oído.

—Si lo hay, estará, por supuesto, en contra de la primera hipótesis y a favor de la segunda. Moriarty pudo ser contratado para dirigir eso con la promesa de repartir el botín, o pudo haber sido pagado lo suficiente para encargarse de ello y nada más. Cualquiera es posible. Pero cualquiera que sea, o si es una tercera combinación, es en Birlstone donde debemos encontrar la solución. Conozco a nuestro hombre lo suficiente para saber que ha dejado algo allí que nos llevará el camino hacia él.

—¡Entonces a Birlstone iremos! —gritó MacDonald saltando de su silla—. ¡Dios mío! Es más tarde de lo que pensaba. Les puedo dar, caballeros, cinco minutos para que se preparen, y eso es todo.

—Y es bastante para ambos —respondió Holmes mientras se incorporaba y se apuraba en cambiar su batín por su abrigo—. Mientras estemos en la ruta, Mr. Mac, le pediré que sea bueno y nos diga todo sobre el problema.

"Todo sobre el problema" resultó ser decepcionantemente poco, y sin embargo era lo suficiente para asegurarnos que en este caso valía la pena atraer la atención más grande del experto. Se animó y restregó sus delgadas manos mientras escuchaba los escasos pero importantes pormenores. Una larga serie de semanas estériles yacía detrás de nosotros, y por fin había un apropiado objeto para esos increíbles poderes que, como todos los dones especiales, se volvían monótonos para su propietario cuando no se empleaban. Ese punzante cerebro se despuntaba y oxidaba con la inacción.

Los ojos de Sherlock Holmes relucían, sus pálidas mejillas tomaban un matiz más cálido, y su ansioso rostro brillaba con una luz interior cuando le llegaba la llamada al trabajo. Reclinándose hacia delante en el taxi escuchó, atentamente a MacDonald el pequeño esbozo del problema que nos esperaba en Sussex. El inspector dependía, como nos explicó, de una cuenta garabateada y dirigida a él por el tren de la leche en las tempranas horas de la mañana. White Mason, el oficial local, era un amigo personal, y por lo tanto MacDonald había sido informado más prontamente de lo usual para Scotland Yard cuando los provincianos requieren su asistencia. Es un rastro muy frío sobre el cual el experto metropolitano es generalmente solicitado para proceder.

> "Estimado inspector MacDonald [decía la carta que nos leyó]:
>
> La requisición oficial de sus servicios está en otro sobre. Esto es para su ojo privado. Telegrafíeme sobre el tren que en la mañana lo llevará hacia Birlstone, y lo recibiré... o lo haré recibir si estoy muy ocupado. Este caso es muy penoso. No desperdicie ni un momento en comenzar. Si puede traer a Mr. Holmes, por favor hágalo; porque él de seguro encontrará algo tras su propio corazón. Pensaríamos que todo ha sido concertado para un efecto teatral

si no hubiera un hombre muerto en medio de todo. ¡Por Dios! Es muy deplorable.”

—Su amigo no parece ningún tonto —remarcó Holmes.

—No, señor, White Mason es un hombre muy enérgico, si se me puede considerar un juez.

—Bueno, ¿tiene algo más?

—Sólo que nos dará todos los detalles cuando nos reunamos con él.

—¿Entonces cómo sabe lo de Mr. Douglas y el hecho que fue horriblemente asesinado?

—Eso estaba en el cubierto informe oficial. No decía “horrible”: ése no es un término oficial reconocido. Daba el nombre de John Douglas. Señalaba que sus heridas fueron en la cabeza, por la descarga de una escopeta. También mencionaba la hora de la alarma, que fue cerca de la medianoche de anoche. Añadía que el caso era indudablemente un asesinato, pero que ningún arresto había efectuado, y que el caso era uno que presentaba algunos pormenores confusos y extraordinarios. Eso es absolutamente todo lo que tenemos al presente, Mr. Holmes.

—Ahora, con su permiso, lo dejaremos tal como está, Mr. Mac. La tentación de formar teorías prematuras con datos insuficientes es la ruina de nuestra profesión. Puedo ver solamente dos cosas certeras por el momento... un gran cerebro en Londres, y un hombre muerto en Sussex. Es la cadena de en medio la que vamos a rastrear.

Capítulo III
LA TRAGEDIA DE BIRLSTONE

Ahora por un momento pediré remover mi propia insignificante personalidad para describir los eventos que ocurrieron antes de arribar a la escena por medio de la luz de conocimiento que nos llegó mucho después. Sólo en esta forma puedo hacer que el lector valore la gente concernida y el extraño escenario en el cual su suerte estaba echada.

El pueblo de Birlstone es un pequeño y muy antiguo grupo de casitas mitad enmaderadas en la frontera norte del condado de Sussex. Por siglos ha permanecido sin cambios, pero en los últimos años su pintoresca apariencia y situación han atraído a un número de bienhechores residentes, cuyas casas de campo se divisan desde los bosques a su alrededor. En la localidad se cree que estos bosques son el extremo fleco del gran bosque de la campiña que se estrecha hasta que llega a los yacimientos de yeso al norte. Un número de pequeñas tiendas han surgido para satisfacer las necesidades de la creciente población; pues hay algunos prospectos que dicen que Birlstone pronto pasará de ser una villa anticuada a un moderno lugar. Es el centro de una considerable área de campo, pues Tunbridge Wells, el sitio de importancia más cercano, está a diez o doce millas al este, en las fronteras con Kent.

A una media milla del pueblo, construido en un viejo parque famoso por sus enormes árboles de haya, está la antigua Manor House de Birlstone. Una parte de este venerable edificio data del tiempo de la primera cruzada, cuando Hugo de Capus erigió una fortaleza en el centro de la hacienda, que le fue dada por el Rey Rojo. Ésta fue destruida por el fuego en 1543, y algunas de sus piedras en las esquinas, ennegrecidas por el humo, fueron aprovechadas cuando, en tiempos jacobinos, una gran casa de campo emergió de las ruinas del castillo feudal.

Manor House, con sus múltiples aleros y sus pequeños cristales romboides en las ventanas, era casi la misma que el constructor dejó a comienzos del siglo XVII. De los dos fosos que una vez guardaron a su predecesor bélico, el exterior se había dejado secar, y servía la humilde función de una huerta. El interior aún estaba allí, y permanecía a cuarenta pies de anchura, contorneando toda la casa. Una pequeña corriente lo alimentaba y continuaba más allá de él, para que la extensión de agua, aunque turbia, nunca fuese como de acequia o insalubre. Las ventanas del piso inferior estaban a un pie de la superficie del agua. La única vía de acceso a la casa era un puente levadizo, cuyas cadenas y árganas se había oxidado y roto hacía mucho tiempo. Los últimos ocupantes de Manor House habían, no obstante, con energía característica, arreglado ello, y el puente levadizo no sólo era capaz de elevarse, sino que se levantaba cada tarde y se bajaba cada mañana. Por esta renovación de las costumbres de los viejos días feudales, Manor House era convertida en una isla durante la noche... un hecho que tiene una muy extrecha relación con el misterio que estaba próximo a cautivar la atención de toda Inglaterra.

La casa había estado abandonada por algunos años y amenazaba con desmoronarse en un pintoresco decaimiento cuando los Douglas tomaron posesión de ella. Esta familia consistía únicamente de dos individuos, John Douglas y su esposa. Douglas era un hombre sorprendente, tanto en carácter como en persona. En edad pudo haber tenido alrededor de cincuenta, con fuertes mandíbulas y robusta cara, un bigote pardusco, ojos grises particularmente perspicaces, y una nervuda, vigorosa figura que no había perdido nada de la fuerza y actividad de la juventud. Era divertido y genial con todos, pero algo dejado en sus maneras, dando la impresión de que había visto la vida en estrato social o algún horizonte más lejano que la sociedad del condado de Sussex.

Aún así, aunque visto con algo de curiosidad y reserva por sus más cultos vecinos, pronto alcanzó una gran popularidad entre los pueblerinos, suscribiéndose generosamente a todos los eventos locales, y asistiendo a sus conciertos de fumadores y otras funciones, donde, teniendo una destacable y rica voz de tenor, estaba siempre listo para complacer con una excelente canción. Parecía tener mucho dinero, que se decía que había ganado en los campos auríferos de California, y era claro por sus propias palabras y las de su esposa que había pasado parte de su vida en América.

La buena impresión producida por su generosidad y sus modales democráticos se incrementó por la reputación que se ganó por su completa indiferencia al peligro. Aunque era un malísimo jinete acudía a todos los concursos, y se daba las más impresionantes caídas en su determinación de ser siempre mejor. Cuando la vicaría se incendió se distinguió por la osadía con la que volvió a entrar a la construcción para salvar propiedades, luego de que la brigada de bomberos local lo había abandonado como imposible. Así fue como este John Douglas de Manor House se ganó en cinco años una gran reputación en Birlstone. Su esposa, también, era popular con todos lo que entablaban alguna amistad con ella; aunque, debido a la conducta inglesa, las visitas a un extraño que se ha instalado en el condado sin introducciones eran pocas y distantes. Esto no le importaba mucho a ella, porque por disposición propia se apartaba, por todas las apariencias, para dedicarse a su esposo y las labores domésticas. Se sabía que ella era una señorita inglesa que conoció a Mr. Douglas en Londres, siendo él en ese tiempo un viudo. Era una bella, alta, modesta y delgada mujer, unos veinte años más joven que su marido, una disparidad que no parecía enturbiar la felicidad de su vida familiar.

Era digno de decir, sin embargo, por aquellos que los conocían mejor, que la confidencia entre los dos no era completa, pues era muy reservada acerca de la vida pasada de su cónyuge, o sino, lo que era más probable, había sido deficientemente informada sobre ella. También se había advertido y comentado por una poca gente observadora que habían signos a veces de nerviosismo por parte de Mrs. Douglas, y que manifestaba agudos malestares si su ausente marido regresaba particularmente tarde al hogar. En las tranquilas tierras campestres, donde todo chisme es bienvenido, esta debilidad de la señora de Manor House no pasaba desapercibida y se hizo más enorme en la memoria de la gente cuando los eventos surgieron, lo que le daría un significado muy especial.

Había otro individuo cuya residencia bajo ese techo era, es verdad, esporádica, pero su presencia al mismo tiempo que los extraños sucesos que ahora serán narrados llevó su nombre prominentemente ante el público. Éste era Cecil James Barker, de Hales Lodge, Hampstead.

La figura alta, desvencijada de Cecil Barker era muy familiar en la calle principal de Birlstone; pues él era un frecuente y bienvenido visitante en Manor House. Era el único amigo conocido de la vida pasada de Mr. Douglas que lo visitaba en sus nuevos dominios ingleses. Barker era indudablemente un inglés; pero por sus comentarios era claro que había conocido a Douglas en América y que había establecido íntimas relaciones con él. Parecía ser un hombre de considerable fortuna y se decía ser soltero.

En edad era un poco menor que Douglas, cuarenta y cinco como máximo; alto, derecho, de pecho ancho con un rostro rasurado, de boxeador, espesas, fuertes y negras cejas, y un par de dominantes ojos oscuros que podrían, incluso sin la ayuda de sus manos, despejarle el camino a través de una multitud hostil. No montaba ni era tirador, pero pasaba los días vagabundeando por la vieja aldea con la pipa en su boca, o manejando carrozas con su anfitrión, o en su ausencia, con su anfitriona, a través de los bellos campos. "Un caballero sereno y liberal" dijo Ames, el despensero. "¡Pero por todos los cielos! ¡Yo no habría querido ser el hombre que se atraviese en su camino!" Era cordial e íntimo con Douglas, y no era menos amistoso con su esposa, una amistad que más de una vez le produjo una irritación a su esposo, tanto que incluso los sirvientes podían percibir su enojo. Ésa era la tercera persona que ya era miembro de la familia cuando la catástrofe ocurrió.

En cuanto a los otros residentes de la vieja casa, basta de todo el amplio servicio de sirvientes con mencionar al remilgado, respetable y capaz Ames, y Mrs. Allen, una rolliza y jovial persona, que releva a la señora en algunos de los quehaceres de la casa. Los otros seis empleados en la mansión no se relacionan con los eventos de la noche del 6 de enero.

Eran las once y cuarenta y cinco cuando la primera alarma llegó a la pequeña estación de la policía local, a cargo del sargento Wilson de la cuadrilla de alguaciles de Sussex. Cecil Barker, muy agitado, había corrido hacia la puerta y hecho sonar fuertemente la campana. Una terrible tragedia había ocurrido en Manor House, y John Douglas había sido asesinado. Ésa era el expectante contenido de su mensaje. Se apuró en regresar a la casa, seguido en minutos por el sargento de policía, que llegó a la escena del crimen un poco después de las doce en punto, luego de tomar prontas disposiciones en avisar a las autoridades del condado que algo serio había acontecido.

Al llegar a Manor House, el sargento encontró el puente levadizo abajo, las ventanas encendidas, y toda la casa en estado de confusión salvaje y alarma. Los pálidos sirvientes estaban amontonados todos en el vestíbulo, con el asustado mayordomo retorciéndose las manos en la entrada. Solamente Cecil Barker parecía ser dueño de sí mismo y sus emociones; abrió la puerta que estaba más cerca del pórtico e hizo una señal al sargento para que lo siguiera. En ese momento llegó el Dr. Wood, un fuerte y hábil profesional del pueblo. Los tres hombres entraron al aposento fatal juntos, a la par que el horrorizado mayordomo siguió sus pasos, cerrando la puerta tras él para ocultar la terrible escena a los sirvientes.

El difunto yacía de espaldas, acostado con las piernas abiertas en el centro del cuarto. Estaba vestido sólo con su batín rosado, que cubría sus pijamas. Habían pantuflas en sus pies desnudos. El doctor se arrodilló a su lado y sostuvo la lámpara de mano que permanecía en la mesa. Una ojeada a la víctima era suficiente para mostrarle al médico que su presencia podía ser prescindida. El hombre había sido horriblemente herido. Tendido a través de su pecho había una curiosa arma, una escopeta con el cañón aserrado un pie frente a los gatillos. Era obvio que había sido disparado a corta distancia y que había recibido toda la carga en la cara, volando su cabeza en pedazos. Los gatillos habían sido accionados a la vez, para hacer la simultánea descarga más destructiva.

El policía de campo estaba enervado y preocupado por la tremenda responsabilidad que inesperadamente caía sobre él.

—No tocaremos nada hasta que lleguen mis superiores —dijo en una quieta voz, mirando fijamente con horror a la cabeza espantosa.

—Nada ha sido tocado hasta ahora —respondió Cecil Barker—. Yo respondo por eso. Lo ve todo exactamente como lo encontré.

—¿A qué hora fue eso? —el sargento había sacado su libreta de apuntes.

—Eran justo las once y media. No me había comenzado a desvestir, y estaba sentado junto al fuego en mi habitación cuando oí el escopetazo. No fue muy fuerte, pareció ser amortiguado. Corrí apresuradamente, no pienso que transcurrieran treinta segundos antes que estuviera en el cuarto.

—¿La puerta estaba abierta?

—Sí, estaba abierta. El pobre Douglas yacía como lo encuentra ahora. La vela de su dormitorio ardía sobre la mesa. Fui yo quien encendió la lámpara minutos después.

—¿No vio a nadie?

—No. Oí a Mrs. Douglas descendiendo las escaleras tras de mí, y me apresuré en evitar que viera esta escena horrorosa. Mrs. Allen, el ama de llaves, vino y se la llevó. Ames arribó y entramos al aposento nuevamente.

—Pero de hecho yo he oído que el puente levadizo está levantado toda la noche.

—Sí, estaba levantado hasta que yo lo bajé.

—¿Entonces cómo pudo el asesino escapar? ¡Está fuera de toda lógica! Mr. Douglas debió dispararse a sí mismo.

—Ésa fue nuestra primera idea. ¡Pero vea! —Barker arrimó la cortina y reveló que la larga ventana de cristal en forma de rombo estaba abierta en toda su extensión—. ¡Y mire esto! —llevó la lámpara para iluminar una mancha de sangre como la marca de una suela de bota en el umbral de madera.

—Alguien se quedó aquí al salir.

—¿Quiere decir que alguien atravesó el foso?

—¡Exacto!

—Entonces si usted estuvo en el recinto en medio minuto, debió haber estado en el agua en ese momento.

—No tengo duda acerca de ello. ¡Quisiera por todos los cielos haber corrido a la ventana! Pero la cortina lo tapaba, como usted ve, por lo que nunca se me ocurrió. En aquel momento oí los pasos de Mrs. Douglas, y no le dejé entrar en el lugar. Hubiera sido demasiado terrible.

—¡Competentemente terrible! —dijo el doctor, mirando a la cabeza hecha añicos y las atroces marcas que la rodeaban—. Nunca había visto tales heridas desde el choque ferroviario de Birlstone.

—Pero, yo digo —recalcó el sargento policía, cuyo lento y bucólico sentido común todavía ponderaba la ventana abierta—. Está muy bien lo que dice que un hombre escapó vadeando el foso, pero lo que le pregunto es, ¿cómo llegó a la casa si el puente estaba elevado?

—Ah, ésa es la pregunta —replicó Barker.

—¿A qué hora era levantado?

—Fue cerca de las seis —manifestó Ames, el mayordomo.

—He oído —opinó el sargento— que usualmente estaba elevado al ocaso. Eso sería más cerca de las cuatro y media que de las seis en esta época del año.

—Mrs. Douglas tuvo visitantes para tomar el té —expresó Ames—. No lo pude levantar hasta que se fueron. Luego lo levanté yo mismo.

—Entonces todo viene a esto —alegó el sargento— Si alguien vino de fuera, si lo hizo, debieron hacerlo a través del puente antes de las seis, y estar escondido desde entonces, hasta que Mr. Douglas fue al cuarto después de las once.

—¡Eso es! Mr. Douglas recorría toda la casa cada noche, lo último que hacía antes de meterse en la cama, para ver que las luces estuvieran en orden. Esto lo trajo hasta aquí. El hombre estaba esperando y le disparó. Posteriormente se alejó por la ventana y dejo su arma tras él. Así es como lo veo, porque nada más encajaría en los hechos.

El sargento recogió una tarjeta que estaba junto al cadáver en el piso. Las iniciales V. V. y bajo ellas el número 341 estaban rudamente garabateadas con tinta en ella.

—¿Qué es esto? —preguntó, sosteniéndola.

Barker la miró con curiosidad.

—No la había notado —indicó—. El asesino debió haberlo dejado tras él.

—V. V. - 341. No puedo obtener nada concreto de ello.

El sargento continuó agitándola entre sus grandes dedos.

—¿Qué es V. V.? Las iniciales de alguien probablemente. ¿Qué es lo que tiene allí, Dr. Wood?

Era un martillo de un gran tamaño el que yacía en la alfombra frente a la chimenea... un sólido y bien acabado martillo. Cecil Barker apuntó a una caja de clavos con cabeza de latón sobre la repisa.

—Mr. Douglas estuvo cambiando las pinturas ayer —explicó—. Lo vi yo mismo, parándose encima de la silla y fijando el gran cuadro ahí arriba. Eso explica el martillo.

—Haríamos bien en volverlo a poner en la alfombra donde lo encontramos —comentó el sargento, rascando su confundida cabeza en perplejidad—. Necesitará de los mejores cerebros de la fuerza para llegar al fondo de todo esto. Será un trabajo de Londres antes de haber finalizado —alzó la lámpara de mano y avanzó lentamente en la estancia—. ¡Hola! —gritó, excitado, descorriendo la cortina de la ventana a un lado—. ¿A qué hora fueron cerradas estas cortinas?

—Cuando las lámparas fueron prendidas —dijo el mayordomo—. Sería alrededor de las cuatro.

—Alguien se estuvo escondiendo aquí, muy seguro —bajó la luz, y las marcas de botas embarradas fueron visibles en la esquina—. Esto confirma su teoría, Mr. Barker. Parece que el hombre se introdujo en la casa después de las cuatro, cuando las cortinas fueron cerradas, y antes de las seis cuando el puente se levantó. Se deslizó dentro del cuarto, porque fue el primero que vio. No había otro lugar en el que se pudiera ocultar, por lo que se ocultó detrás de esta cortina. Eso se ve muy claramente. Es probable que su idea original fuera la de desvalijar la casa; pero Mr. Douglas inoportunamente vino sobre él, por lo que lo mató y escapó.

—Así es como parece —respondió Barker—. Pero digo, ¿no estamos perdiendo un tiempo precioso? ¿No podemos salir y recorrer la comarca antes que el tipo se aleje más aún?

El sargento lo consideró por un momento.

—No hay trenes hasta antes de las seis de la mañana; así que no puede marcharse por tren. Si va por la carretera con sus piernas todas goteando hay probabilidades de que alguien lo vea. De cualquier forma, no puedo irme de aquí hasta que sea relevado. Pero creo que ninguno de ustedes debe irse hasta que veamos más claramente cómo estamos.

El doctor tomó la lámpara y escudriñó de cerca al cuerpo.

—¿Qué es esta marca? —preguntó —¿Podría esto tener alguna relación con el crimen?

El brazo derecho del muerto estaba sacado de su batín y expuesto hasta el codo. A mitad del antebrazo había un curioso diseño marrón, un triángulo dentro de un círculo, sobresaliendo en un vívido relieve sobre la piel color de lardo.

—No está tatuado —informó el doctor, observando a través de sus anteojos—. Nunca vi algo así. Este hombre ha sido marcado en algún tiempo de la misma manera que marcan ganado. ¿Cuál es el significado de esto?

—Confieso que no sé el significado de ello —refirió Cecil Barker— pero he visto esa señal en Douglas muchas veces en los últimos diez años.

—También yo —dijo el mayordomo—. Muchas veces

cuando el amo arremangaba sus puños he observado esa marca. Continuamente me preguntaba qué sería.

—Entonces no tiene nada que ver con el crimen, de todas formas —dijo el sargento—. Pero es algo singular sobre todo. Todo en este caso es singular. Bueno, ¿qué hay ahora?

El mayordomo había dado una exclamación de asombro y apuntaba la mano extendida del cadáver.

—Se han llevado su anillo de bodas —jadeó.

—¡Qué!

—Sí, en efecto. El amo siempre usaba su sencillo anillo de bodas de oro en el dedo meñique de su mano izquierda. Ese anillo con la pepita de oro sin tallar estaba sobre él, y el aro de la retorcida serpiente en el dedo medio. Ahí está la pepita y ahí la serpiente, pero el anillo de bodas no está.

—Tiene razón —agregó Barker.

—Me dice usted —comentó el sargento— que el anillo de matrimonio estaba debajo del otro.

—¡Siempre!

—Por lo tanto el asesino, o quien quiera que sea, primero tomó el aro que usted llama el de la pepita, luego el de compromiso, y por último regresó el de la pepita a su lugar.

—¡Así es!

El laudable policía de campo movió su cabeza.

—Me parece que mientras más pronto los de Londres estén en este caso, mejor —alegó—. White Mason es un hombre inteligente. Ningún trabajo local ha sido nunca demasiado para White Mason. No transcurrirá mucho tiempo antes de que él esté aquí para ayudarnos. Pero espero que tengamos que mirar hacia Londres antes de continuar. No me avergüenzo de decir que es un asunto muy voluminoso para mis gustos.

Capítulo IV
OSCURIDAD

A las tres de la mañana el gran detective de Sussex, obedeciendo la urgente llamada del sargento Wilson de Birlstone, arribó de sus cuarteles en un ligero carruaje detrás de un trotador sin aliento. Por el tren de las cinco y cuarenta de la madrugada envió su mensaje a Scotland Yard, y estuvo en la estación de Birlstone a las doce del mediodía para cogernos. White Mason era una persona tranquila, confortable con un suelto traje de tweed, una cara bien afeitada y rubicunda, un cuerpo fornido, y piernas poderosas y estevadas adornadas con polainas, con el aspecto de un pequeño granjero, un guardabosques retirado, o cualquier cosa sobre la tierra excepto un muy favorable espécimen de oficial de criminalística provinciano.

—Un problema absolutamente incompresible, Mr. MacDonald —no se cansaba de repetir—. Tendremos a los periodistas viniendo como moscas hasta que se haya esclarecido el asunto. Espero que terminemos nuestro trabajo antes que metan sus narices y desordenen todas las pistas. No ha habido nada igual hasta donde yo recuerdo. Hay algunos pormenores que le serán muy atractivos, Mr. Holmes, o me equivoco. Y para usted también, Dr. Watson; porque los médicos deberán dar un veredicto también antes de terminar esto. Su habitación está en Westville Arms. No hay otro sitio; pero he oído que es limpio y bueno. Este hombre llevará sus equipajes. Por este camino, caballeros, si no es molestia.

Era una persona muy habladora y genial, este detective de Sussex. En diez minutos habíamos llegado a nuestros cuarteles. En diez más estábamos sentados en el salón de la posada y siendo notificados de un bosquejo de los eventos que fueron relatados en el capítulo previo. MacDonald hizo una observación ocasional; mientras Holmes estaba sentado y embelesado, con la expresión de sorprendido y reverentes admiraciones con las que el botánico explora el raro y precioso florecimiento.

—¡Impresionante! —pronunció, cuando la historia se terminó— ¡Muy impresionante! Difícilmente puedo recordar un caso cuyos datos fueran tan peculiares.

—Pensé que diría eso, Mr. Holmes —contestó White Mason con gran satisfacción—. Estamos muy al día aquí en Sussex. Le he dicho cómo está la situación aquí, al tiempo en que tomé el puesto del sargento Wilson entre las tres y cuatro de la madrugada. ¡Cielos! ¡Hice partir a la vieja yegua! Pero no estaba en grandes apuros, como al final resulto ser; aunque no había nada inmediato que pudiese hacer. El sargento Wilson tenía todos los pormenores. Los chequeé y consideré y tal vez añadí algunos por mí mismo.

—¿Cuáles eran? —preguntó Holmes ansiosamente.

—Bueno, primero hice examinar el martillo. El Dr. Wood estaba ahí para ayudarme. No encontramos signos de violencia en él. Esperaba que si Mr. Douglas se defendió con el martillo, hubiera ocasionado algo al asesino antes de caer al felpudo. Pero no había ninguna mancha.

—Eso, realmente, no prueba nada —recalcó el inspector MacDonald. Han habido muchos asesinatos con martillo sin rastros en el martillo.

—En efecto. No prueba que no fue usado. Pero podría haber habido manchas, y eso nos hubiera ayudado. Pero no es un problema en el asunto. Tras ello examiné el arma. Eran cartuchos de perdigones, y, como el sargento Wilson apuntó, los gatillos estaban conectados, para que en el caso de que apretara el posterior, ambos cañones serían disparados. Cualquiera que haya arreglado eso se habría decidido en que no tendría la oportunidad de fracasar en su tiro. El arma aserrada no tenía más de dos pies de largo... uno podía fácilmente cargarla en su abrigo. No había un nombre completo del fabricante, pero las letras impresas P-E-N en el ala entre los cañones, y el resto del nombre había sido cortado por la sierra.

—¿Una gran P con un adorno encima, con la E y la N más pequeñas?

—Exacto.

—Pennsylvania Small Arms Company... una bien conocida firma americana —replicó Holmes.

White Mason miró sorprendido a mi amigo como el pequeño profesional de campo mira al especialista de Harley Street quien con una palabra puede resolver las dificultades que lo dejan perplejo.

—Esto es muy útil, Mr. Holmes. Sin duda que está en lo correcto. ¡Maravilloso! ¡Maravilloso! ¿Carga con los nombres de todos los fabricantes de armas en su memoria?

Holmes se desentendió de la pregunta con un ademán.

—Sin duda es una escopeta americana —White Mason continuó— Me parece haber leído que una escopeta aserrada es una arma usada en algunas partes de América. Sin tener en cuenta el nombre encima del cañón, la idea ya me había venido a la cabeza. Hay alguna evidencia, entonces, que este hombre que entró en este caso y mató a su propietario era un americano.

MacDonald meneó su cabeza.

—Hombre, de verdad que está avanzando demasiado rápido —pronunció—. No he escuchado evidencias que digan que algún extraño haya estado en la casa.

—¡La ventana abierta, la sangre en el umbral, la rara tarjeta, las marcas de botas en la esquina, la escopeta!

—Nada que no pudo haber sido arreglado. Mr. Douglas era un americano, o había vivido mucho tiempo en América. También Mr. Barker. No se requiere emplear a un americano para deshacerse de hombres americanos.

—Ames, el mayordomo...

—¿Qué sobre él? ¿Es confiable?

—Diez años con Sir Charles Chandos... tan sólido como una roca. Ha estado con Douglas desde que tomó Manor House hace cinco años. Nunca ha visto un arma de esta clase en la vivienda.

—El arma fue hecha para dar falsa pista. Por eso es que los cañones fueron cortados. Sino encajaría en cualquier caja. ¿Cómo puede jurar que no hay un arma así en la casa?

—Bueno, de todas maneras, él no ha visto una así.

MacDonald movió su obstinada cabeza escocesa.

—No estoy convencido todavía de que haya habido alguien en la mansión —opinó—. Les estoy pidiendo que consideren (su acento se convertía cada vez más en uno de Aberdeen a la par que se perdía en su argumento). Les estoy pidiendo que consideren qué es lo que involucra su suposición que esa arma haya sido llevada a la casa, y que todos estos insólitos hechos fueron hechos por un hombre de fuera. ¡Hombre, es inconcebible! Está contra el sentido común. Se lo pongo a usted, Mr. Holmes, juzgándolo por lo que hemos oído.

—Bueno, exponga su concepto, Mr. Mac —Holmes expresó en su estilo más judicial.

—El hombre no fue un ladrón, suponiendo que haya existido. El asunto del anillo y la carta sugiere a un asesinato premeditado por alguna razón privada. Muy bien. Aquí hay un hombre que se desliza hasta dentro de la mansión con la deliberada intención de matar. Sabe, si sabe algo, que tendrá una dificultad en ponerse a salvo, pues está rodeado por agua. ¿Qué arma elegiría? Uno diría la más silenciosa del mundo. Entonces supondría que cuando el acto hubiese sido cometido, salir rápidamente por la ventana, cruzar el foso, y escapar ileso. Eso es entendible. ¿Pero es entendible que iría con el arma más ruidosa que podría seleccionar, conociendo que despertaría a todos los habitantes de la casa y los llevaría al lugar tan rápido como puedan correr, y que hay toda posibilidad que sea visto antes de cruzar el agua? ¿Es esto creíble, Mr. Holmes?

—Bueno, pone el caso difícil —mi amigo manifestó pensativamente—. Ciertamente necesita una buena justificación. ¿Puedo preguntar, Mr. White Mason, si inspeccionó el lado más alejado del foso para ver si hay algunos signos de que el hombre haya trepado desde el agua?

—No habían rastros, Mr. Holmes. Pero es un borde de piedra, y uno a duras penas los encontraría.

—¿Ninguna huella ni señal?

—Ninguna.

—¡Ha! ¿Habría alguna objeción, Mr. White Mason, en que vayamos a la casa de inmediato? Probablemente haya pequeños puntos que sean sugestivos.

—Se lo iba a proponer, Mr. Holmes; pero pensé que sería mejor ponerlo en conocimiento con todos los acontecimientos antes de irnos. Me pregunto si habrá algo que lo pudiese sorprender... —White Mason miró dudosamente al amateur.

—He trabajado con Mr. Holmes antes —explicó el inspector MacDonald—. Él está dentro del juego.

—Mi propia idea del juego, en cualquier forma —afirmó Holmes, con una sonrisa. Yo entro en un caso para ayudar a los fines de la justicia y el trabajo de la policía. Si yo me he separado de la fuerza oficial es porque ellos primero se separaron de mí. No deseo ganar a sus costas. Al mismo tiempo, Mr. White Mason, demando el derecho a trabajar en mi propio estilo y dar mis resultados a su debido tiempo... completos más bien que por partes.

—Estoy seguro que nos hace un honor con su presencia y con mostrarle todo lo que sabemos —replicó White Mason cordialmente—. Venga por aquí, Dr. Watson, y cuando el tiempo llegue esperaremos tener un lugar en su libro.

Recorrimos por la pintoresca calle de la villa con una fila de olmos descopados a cada lado. Más allá había dos antiguos pilares de piedra, pigmentados por el clima y cubiertos con líquenes, teniendo en sus cimas algo sin forma que alguna vez había sido el extravagante león de Capus de Birlstone. Una corta caminata por el sinuoso paseo con césped y robles a su derredor que uno sólo ve en la Inglaterra rural, un súbito giro, y la gran casa de principios de los tiempos jacobinos de negruzcos ladrillos color hígado apareció ante nosotros, con un jardín de modelo añejo con tejos a cada lado. Cuando nos aproximábamos, vimos el puente levadizo de madera y el bonito ancho foso tan calmado y luminoso como mercurio entre los rayos fríos de invierno.

Tres siglos han corrido por la vieja Manor House, centurias de nacimientos y visitas, de bailes campestres y de reuniones de cazadores de zorros. ¡Extraño que ahora en su vieja edad este antiguo negocio haya cernido sus sombras en estas venerables paredes! Y aún así esos raros tejados encumbrados y aleros de gran decoro suspendidos por arriba eran una adecuada cubierta para una horrenda y terrible intriga. Mientras observaba las fijas ventanas y la larga extensión de la opaca fachada lamida por el agua, sentí que ninguna escena sería más accesible a una tragedia.

—Ésa es la ventana —indicó White Mason— la que está justo a la derecha del puente levadizo. Está abierta tal y como se encontró anoche.

—Se ve un poco estrecha para que un hombre pueda pasar.

—Bueno, no era un hombre gordo, entonces. No necesitamos sus deducciones, Mr. Holmes, para que nos diga eso. Pero usted o yo podríamos pasar por ahí sin problemas.

Holmes avanzó hacia el filo del foso y miró a través. Luego examinó la orilla de piedra y la sección de césped más allá de ésta.

—Le he dado una buena inspección, Mr. Holmes —alegó White Mason—. No encontré nada allí, ninguna evidencia de que alguien haya puesto los pies... ¿pero por qué debería dejar rastros?

—Exacto. ¿Por qué debería? ¿Está el agua siempre túrbida?

—Generalmente tiene ese color. La corriente trae consigo arcilla.

—¿Cuán profundo es?

—Como de dos pies a los lados y tres en el centro.

—Por lo que podemos poner de lado la idea de que el hombre se encuentra ahogado al cruzar.

—No, un niño no se podría ahogar allí.

Anduvimos a través del puente levadizo y fuimos recibidos por una amena, retorcida, enjuta persona, que era Ames, el mayordomo. El pobre viejo hombre estaba pálido del trastorno. El sargento del pueblo, una alta, formal y melancólica persona había pasado la vigilia en la habitación del destino. El doctor se había ido.

—¿Algo nuevo, sargento Wilson? —preguntó White Mason.

—No, señor.

—Ya se puede ir a su casa. Ha tenido suficiente. Le enviaremos por usted si le necesitamos. El mayordomo mejor será que espere afuera. Dígale que avise a Cecil Barker, Mrs. Douglas y el ama de llaves que probablemente necesitemos hablar con ellos un momento. Ahora, caballeros, tal vez me permitirán darles mis puntos de vista que he construido, y luego opinarán por sí mismos.

Me impresionó, el especialista del campo. Tenía un sólido puño y un cerebro sereno, claro y con sentido común, que lo llevarán lejos en su profesión. Holmes lo escuchó con atención, sin ningún signo de impaciencia que el exponente oficial sí daba frecuentemente.

—¿Es suicidio, o es asesinato... ésa es nuestra primera pregunta, caballeros, no es así? Si fuera suicidio, entonces debemos pensar que este hombre comenzó con quitarse su anillo de bodas y escondiéndolo, descendió con su batín, puso barro en una esquina detrás de la cortina para dar la idea de que alguien lo había esperado, abrió la ventana, puso sangre en la...

—Podemos descartar eso —habló MacDonald.

—Eso es lo que pienso. El suicidio está fuera de toda cuestión. Entonces un asesinato ha sido efectuado. Lo que tenemos que establecer es si fue cometido por alguien de fuera o dentro de la casa.

—Bueno, oigamos el argumento.

—Hay considerables dificultades en ambos caminos, y sin embargo uno u otro debe serlo. Supongamos que una persona o personas dentro de la casa realizaron el crimen. Llevaron a este hombre aquí cuando todos aún estaban quietos y nadie dormía. Luego hicieron el acto con la más extraña y ruidosa arma en el mundo, como para advertir a todos de lo que estaba pasando... un arma que nunca fue vista en la casa antes. Eso no se ve como un comienzo prometedor, ¿no es así?

—No, tiene razón.

—Bueno, todos están de acuerdo en que luego de que la alarma fuese dada sólo pasó un minuto para que toda la gente de la mansión, no Mr. Cecil Barker en solitario, aunque él asegura haber sido el primero, Ames y el resto estuvieran en el sitio. ¿Me dice que en ese tiempo el culpable hizo las pisadas en la esquina, abrió la ventana, marcó el umbral, sacó el anillo de bodas de su dedo, y todo lo demás? ¡Es imposible!

—Lo pone usted todo claramente —afirmó Holmes—. Me inclino a favor suyo.

—Bien, entonces, vamos a la teoría de que fue cometido por alguien de afuera. Aún nos enfrentamos a grandes dificultades; pero por ahora acabaron las imposibilidades. El hombre se metió a la casa entre las cuatro y media y las seis, esto es, entre el crepúsculo y el tiempo en que el puente fue elevado. Habían entrado algunas visitas, y la puerta estaba abierta; por lo que no había nada que se lo impidiera. Pudo haber sido un ladrón común, o pudo haber sido alguien con un resentimiento privado contra Mr. Douglas. Ya que Mr. Douglas había pasado gran parte de su vida en América, y esta escopeta parece ser un instrumento americano, parecería que la del resentimiento privado es la más viable teoría. Se deslizó dentro del cuarto porque fue el primero que vio, y se escondió tras las cortinas. Ahí permaneció hasta un poco después de las once de la noche. A ese tiempo Mr. Douglas entró en la habitación. Fue una corta entrevista, si hubo una entrevista con todo; pues Mrs. Douglas declara que su marido no se había alejado de ella más de unos cuantos minutos cuando oyó el disparo.

—La vela demuestra eso —declaró Holmes.

—Exacto. La vela, que era nueva, no se había consumido más de media pulgada. La debió poner en la mesa antes de ser atacado; de otra manera, por supuesto, se hubiera caído cuando él se derrumbó. Esto revela que no fue atacado en el instante que entró al cuarto. Cuando Mr. Barker llegó al aposento la vela estaba encendida y la lámpara apagada.

—Eso es suficientemente entendible.

—Bien, ahora, podemos repasar las cosas en esas líneas. Mr. Douglas entra al cuarto, coloca la vela en la mesa. Un hombre aparece de detrás de esa cortina. Está armado con una escopeta. Exige su anillo de compromiso... sólo el Cielo sabe por qué, pero así debió haber sido. Mr. Douglas se lo da. Luego a sangre fría o en un forcejeo, Douglas pudo haber cogido el martillo que fue encontrado en el tapete, disparó a Douglas en esta horrible forma. Dejó su escopeta y también parecería que esta rara tarjeta: V. V. - 341, lo que sea que signifique, y escapó por la ventana y a través del foso en el momento en que Cecil Barker descubría el crimen. ¿Cómo está eso, Mr. Holmes?

—Muy interesante, pero un poco no convincente.

—¡Hombre, sería algo absolutamente sin sentido si no fuera porque todo lo demás está peor! —gimió MacDonald—. Alguien mató al hombre, y quienquiera que sea fácilmente podría probar que lo hizo de otra forma. ¿Qué pretendía haciendo que su retirada fuera interrumpida de esa manera? ¿Qué pretendía al usar una escopeta cuando su única oportunidad de escapar era el silencio? Venga, Mr. Holmes, está en usted el darnos una guía, porque dice usted que la teoría de Mr. White Mason no convincente.

Holmes se mantuvo intencionadamente como observador durante esta larga discusión, sin perderse ni una palabra que fuera dicha, con sus diestros ojos siseando de derecha a izquierda, y su frente fruncida con especulación.

—Me gustaría tener algunos hechos más antes de ir tan lejos como para formular una teoría, Mr. Mac —declaró, arrodillándose junto al cadáver—. ¡Oh Dios! Estas heridas son realmente aterradoras. ¿Podemos traer al mayordomo aquí por un momento?... Ames, entiendo que frecuentemente había visto esta marca muy inusual, un triángulo saliente dentro de un círculo, sobre el antebrazo de Mr. Douglas.

—Frecuentemente, señor.

—¿Nunca escuchó alguna explicación sobre su significado?

—No, señor.

—Debió haber causado un gran dolor al ser colocada. Es sin duda una quemadura. Ahora, sospecho, Ames, que hay una pequeña pieza de yeso en el ángulo de la mandíbula de Mr. Douglas. ¿Lo observó eso antes?

—Sí, señor, se cortó ayer en la mañana al afeitarse.

—¿Sabe si alguna vez se cortó al afeitarse antes?

—No por mucho tiempo, señor.

—¡Sugestivo! —exclamó Holmes—. Puede, por cierto, ser una simple coincidencia, o puede indicar nerviosismo lo que indicaría que tenía razones para temer un peligro. ¿Advirtió algo inusual en su conducta, ayer, Ames?

—Me sorprendió verlo como si no hubiese descansado y además excitado, señor.

—¡Ha! El ataque puede que no hubiese sido completamente inesperado. Parecemos hacer un pequeño progreso, ¿no es así? ¿Tal vez se quiera unir al interrogatorio, Mr. Mac?

—No, Mr. Holmes, se encuentra en mejores manos que las mías.

—Bueno, pasaremos a esta tarjeta, V. V. - 341. Es cartón duro. ¿Tiene algunas parecidas en esta casa?

—No lo creo.

Holmes avanzó a través de la carpeta y untó un poco de tinta de cada botella en el papel secante.

—No fue impreso en esta habitación —declaró—. Ésta es tinta negra y la otra es púrpura. Fue hecha con un lapicero grueso, y estos son finos. No, fue hecha en otro lugar, debo decirlo. ¿Puede sacar algo de esta inscripción, Ames?

—No, señor, nada.

—¿Qué es lo que piensa, Mr. Mac?

—Me da la impresión de una sociedad secreta de alguna clase; lo mismo con la signo en su antebrazo.

—Esa es mi idea también —señaló White Mason.

—Bueno, podemos adoptar como una hipótesis en funcionamiento y luego ver hasta cuán lejos nuestras dificultades desaparecen. Un agente de dicha sociedad hace su camino a la casa, espera por Mr. Douglas, vuela su cabeza con su escopeta, y escapa vadeando el foso, luego de dejar su tarjeta junto al muerto, que, al ser mencionada en los periódicos, les dirá a otros miembros de la sociedad que la venganza ha sido ejecutada. Eso todo encaja. ¿Pero por qué esta arma, de todas las demás?

—Exactamente.

—¿Y por qué se llevó el anillo?

—Así es.

—¿Y por qué no se produce ningún arresto? Ya son más de las dos ahora. Doy por hecho que desde el alba todos los alguaciles en cuarenta millas han estado buscando por un extraño individuo mojado.

—Eso es, Mr. Holmes.

—Bien, a menos que tenga un escondite cerca o un cambio de ropas listo, difícilmente lo perderán. ¡Y sin embargo no lo han encontrado hasta ahora! —Holmes se había aproximado a la ventana e inspeccionaba con sus lentes la marca de sangre en el umbral—. Es visiblemente la huella de un zapato. Es increíblemente ancha; un pie achatado, uno diría. Curioso, porque, tan lejos como alguien pueda rastrear una huella en esta esquina embarrada, uno diría que era una más formada planta del pie. No obstante, son muy indistintas. ¿Qué hay bajo este aparador?

—Las pesas de gimnasia de Mr. Douglas —contestó Ames.

—Pesa, solamente hay una. ¿Dónde está la otra?

—No sé, Mr. Holmes. Probablemente sólo había una. No me he percatado en meses.

—Una pesa... —Holmes señaló seriamente; pero sus pensamientos fueron interrumpidos por un agudo golpeteo en la puerta.

Un alto, quemado por el sol, de parecer capaz, y bien afeitado hombre nos miró. No tuve dificultad en adivinar que era el Cecil Barker del que había escuchado. Sus magistrales ojos viajaron rápidamente con una mirada desterrada de cara a cara.

—Disculpen por interrumpir su conversación —dijo —pero deben prestar atención a las últimas noticias.

—¿Un arresto?

—No tenemos esa suerte. Pero encontraron su bicicleta. El tipo abandonó su bicicleta tras de sí. Vengan y véanla. Está a unas cien yardas de la puerta principal.

Encontramos a tres o cuatro mozos y haraganes permaneciendo en el camino inspeccionando una bicicleta que había sido extraída de un grupo de arbustos en los que había sido escondida. Era una bien cuidada Rudge-Whitworth enlodada como si hubiera pasado por un considerable viaje. Ahí estaba la alforja con la llave y la aceitera, pero ninguna pista de su propietario.

—Sería una estupenda ayuda para la policía —observó el inspector— si estas cosas fuesen numeradas y registradas. Pero debemos estar agradecidos de lo que tenemos. Si no podemos saber hacia dónde se fue, por lo menos podemos conocer su origen. ¿Pero qué en nombre de todo lo extraordinario pudo hacer que este individuo la dejara atrás? ¿Y cómo se ha alejado sin ella? No parecemos tener un destello de luz en este caso, Mr. Holmes.

—¿No? —respondió mi amigo pensativamente—. ¡Desearía saberlo!

Capítulo V
LA GENTE DEL DRAMA

—¿Ha visto todo lo que desea del estudio? —le interrogó White Mason mientras volvíamos a entrar a la casa.

—Por ahora —expresó el inspector. Holmes asintió.

—Entonces quizá les gustaría oír la evidencia de algunas de las personas de la mansión. Podemos usar el comedor; Ames, por favor entre usted primero y díganos lo que sepa.

El relato del mayordomo fue simple y nítido, y dio una categórica impresión de sinceridad. Había sido empleado hace cinco años, cuando Douglas vino por primera vez a Birlstone. Entendió que Mr. Douglas era un rico caballero que había hecho su fortuna en América. Era un empleador amable y considerado, no como los que Ames se había acostumbrado, tal vez; pero uno no puede obtener todo. Nunca vio signos de recelos en Mr. Douglas. Al contrario, era el hombre con menos temor que haya conocido. Ordenaba levantar el puente levadizo cada noche porque ésa era la antigua costumbre en la vieja mansión y le gustaba continuar con aquellas.

Mr. Douglas raramente iba a Londres o dejaba el pueblo; pero el día anterior al crimen había estado haciendo compras en Tunbridge Wells. Él (Ames) observó falta de sueño y excitación de parte de Mr. Douglas en ese día;

parecía impaciente e irritable, lo que era inusual en él. No había ido a la cama aquella noche; sino que estaba en la despensa a la espalda de la casona guardando la vajilla de plata, cuando oyó la campanilla furiosamente. No escuchó disparo alguno, pero era casi imposible que lo lograra, puesto que la despensa y las cocinas se encontraban en la misma espalda de la casa y habían varias puertas cerradas y un largo pasadizo en medio. El ama de llaves había salido de su cuarto, atraída por el violento campanillazo. Habían ido hasta la fachada juntos.

A la vez que llegaban al fondo de las escaleras él vio a Mrs. Douglas bajando de ella. No, no estaba apurada; no le pareció que estuviese especialmente agitada. Justo cuando llegaba al fondo Mr. Barker se apresuró desde el estudio. Detuvo a Mrs. Douglas y le rogó que regresase.

—¡Por el amor de Dios, regrese a su dormitorio! —exclamó— ¡El pobre Jack está muerto! No puede hacer nada. ¡Por el amor de Dios regrese!

Tras un poco de persuasión en las escaleras, Mrs. Douglas se retiró. No emitió ningún grito. Tampoco clamó. Mrs. Allen, el ama de llaves, la había llevado arriba y estuvo con ella en su habitación. Ames y Mr. Barker regresaron al estudio donde encontraron todo exactamente como la policía lo había visto. La vela no estaba encendida en ese momento; pero la lámpara estaba ardiendo. Miraron por fuera de la ventana; pero la noche era muy oscura y nada podía ser visto ni oído. Luego se precipitaron al pasillo, donde Ames accionó la árgana que descendió el puente levadizo. Mr. Barker se apuró en avisar a la policía.

Ésa era, en su esencia, el relato del mayordomo.

La historia de Mrs. Allen, el ama de llaves, fue, hasta donde recuerdo, una corroboración de la de su amigo sirviente. Su aposento estaba más cerca al frontis de la casa que a la despensa donde Ames trabajaba. Se preparaba para ir a dormir cuando un fuerte sonido de la campanilla atrajo su atención. Era un poco sorda. Posiblemente esa fuera la razón por la que no oyó el disparo; pero de cualquier forma, el estudio estaba a un buen trecho. Recuerda haber escuchado un sonido que imaginó ser el cierre de una puerta. Eso fue un poco antes, media hora antes de la campanilla. Cuando Mr. Ames corrió hacia el frontis fue con él. Vio a Mr. Barker, muy pálido y excitado, saliendo del estudio. Interceptó a Mrs. Douglas que venía por las escaleras. Él le suplicó que regresase, y ella le respondió, pero lo que ella dijo no pudo oírlo.

—¡Llévesela! ¡quedese con ella! —él le ordenó a Mrs. Allen.

Ella por lo tanto la llevó a su habitación, y se esforzó en consolarla. Estaba muy excitada, temblante, pero no hizo ningún otro intento en bajar. Sólo se sentó con su batín delante de la chimenea del cuarto, con su cabeza hundida entre sus manos. Mrs. Allen estuvo con ella la mayor parte de la noche. En cuanto a los demás sirvientes, todos se habían acostado, y la alarma no les llegó hasta poco antes que la policía llegase. Ellos dormían en el extremo posterior de la casa, y no habían podido prestar atención a nada.

Por ahora el ama de llaves no pudo añadir nada en el contra-interrogatorio aparte de lamentaciones y expresiones de asombro.

Cecil Barker relevó a Mrs. Allen como testigo. En cuanto a los acontecimientos de la noche anterior tenía muy poco más que decir que lo que ya había declarado a la policía. Personalmente, estaba convencido de que el asesino había escapado por la ventana. La mancha de sangre era concluyente, en su opinión, en ese punto. Además, como el puente estaba arriba, no había otra posible manera de escape. No podía explicar qué había sido del asesino o por qué no había llevado su bicicleta, si en realidad era suya. Era imposible que se hubiera ahogado en el foso, pues no había sitio más profundo que tres pies.

En su propia opinión tenía una teoría muy definida del asesinato. Douglas era un hombre reservado, y había ciertos capítulos de su vida de los cuales nunca mencionaba. Había emigrado a América cuando era muy joven. Prosperó muy bien, y Barker primero lo conoció en California, donde se convirtieron en compañeros en un floreciente terreno minero conocido como Benito Cañón. Les había ido muy bien; pero Douglas repentinamente vendió todo y se vino a Inglaterra. Era ya viudo en esa época. Después Barker convirtió su dinero para partir a Inglaterra. Así habían renovado su amistad.

Douglas le dio la impresión que algún peligro le asechaba constantemente, siempre consideraba su salida desde California y también la renta de una vivienda en un lugar calmado de Inglaterra, como conectadas con dicho peligro. Imaginó que alguna sociedad secreta, una implacable organización, estaba bajo el rastro de Douglas, que no descansaría hasta acabar con él. Ciertas cosas que le había dicho le ofrecieron esta idea; aunque nunca le había dicho qué era la sociedad, o cómo la había ofendido. Sólo podía suponer que la inscripción en el letrero debía tener alguna referencia con esta sociedad secreta.

—¿Cuánto tiempo estuvo con Douglas en California? —interpeló el inspector MacDonald.

—Cinco años en total.

—¿Era soltero, dice usted?

—Viudo.

—¿Alguna vez le oyó hablar de dónde venía su primera esposa?

—No, recuerdo que dijo que era de extracción alemana, y he visto su retrato. Era una mujer muy hermosa. Murió de tifoidea el año anterior a que lo conociese.

—¿No asocia su pasado con algún lugar en particular en América?

—Lo oía hablar de Chicago. Conocía la ciudad perfectamente y había trabajado allí. Lo escuchaba hablar de los distritos de carbón y hierro. Viajó mucho en sus buenos tiempos.

—¿Era un político? ¿Esta sociedad secreta tenía que ver con políticos?

—No, no le interesaba nada lo político.

—¿Tiene razones para pensar que era un criminal?

—Por el contrario, jamás vi a un hombre más derecho en mi vida.

—¿Hubo algo sospechoso durante su vida en California?

—Le gustaba mejor quedarse y trabajar en nuestras minas en las montañas. Nunca iba con los demás hombres. Esa fue la razón por la que comencé a sospechar que alguien estaba tras él. Luego, cuando repentinamente abandonó California, mis sospechas se hicieron realidad. Creo que recibió una advertencia de algún tipo. Una semana después de su ida media docena de hombres preguntaban por él.

—¿Qué clase de hombres?

—Era un poderoso grupo de hombres rudos. Fueron al campamento y querían saber dónde estaba. Les dije que había ido hacia Europa y que no sabía dónde encontrarlo. No significaba nada bueno para él, era fácil saberlo.

—¿Eran estos hombres americanos-californianos?

—Bueno, no sé si californianos. Pero sí eran americanos. Aunque no eran mineros. No sé lo que eran y me alegré mucho al verlos partir.

—¿Eso fue hace seis años?

—Casi siete.

—¿Y entonces ustedes estuvieron juntos cinco años en California, por lo que su negocio dataría de once años como mínimo?

—Debe serlo.

—Debe ser una muy seria enemistad la que sea mantenida con tanto celo por tanto tiempo como ése. No sería algo pequeño lo que la ocasionó.

—Pienso que ensombreció toda su vida. Nunca estaba en sosiego.

—¿Pero si un hombre tiene un peligro que cuelga sobre él, y sabe lo que es, no cree que debería llamar a la policía por protección?

—Tal vez era un peligro del cual no podía ser protegido. Hay algo que debe saber. Siempre iba armado. Su revólver nunca estaba fuera de su bolsillo. Pero, para su mala suerte, estaba con su batín y lo había abandonado en su dormitorio aquella noche. Una vez que el puente estaba arriba, me imagino que creía que estaba a salvo.

—Me gustaría tener esas fechas un poco más claras —pronunció MacDonald—. Es alrededor de seis años desde que Douglas se fue de California. Lo siguió el año siguiente, ¿no es cierto?

—Así es.

—Y ha estado cinco años casado. Usted debió haber regresado más o menos en la época de su boda.

—Como un mes antes. Yo fui su padrino.

—¿Conoció a Mrs. Douglas antes de su matrimonio?

—No. Había estado fuera de Inglaterra por diez años.

—Pero ha visto mucho de ella desde entonces.

Barker miró rigurosamente al detective.

—He visto mucho de él desde entonces —respondió—. Si la he visto a ella, es porque no puede visitar uno a un hombre sin ver a su mujer. Si piensa que hay alguna conexión...

—No pienso nada, Mr. Barker. Debo hacer todas las investigaciones que pueda en este caso. Pero no me proponía ofenderlo.

—Algunas preguntas son ofensivas —Barker contestó con tono áspero.

—Sólo son hechos lo que queremos. Está en su interés y en el de todos que sean aclarados. ¿Mr. Douglas aprobó su amistad con su esposa?

Barker se puso más pálido, y sus grandes y fuertes manos se cerraron compulsivamente a la vez.

—¡No tiene derecho a formular tales preguntas! —gritó— ¿Qué tiene esto que ver con el problema que está investigando?

—Debo repetir la pregunta.

—Bueno, me niego a responderla.

—Puede negarse a responderla; pero debe saber que su negativa es en sí una respuesta, porque no se negaría si no tuviera algo que esconder.

Barker se detuvo por un momento con su rostro áspero y sus cejas fuertemente negras se dibujaron en un penetrante pensamiento. Luego se volvió con una sonrisa.

—Bien, creo que ustedes caballeros solamente están haciendo su trabajo después de todo, y no tengo derecho de obstruirlo. Sólo les pediría no molestar a Mrs. Douglas con este asunto; porque ya ha tenido suficiente hasta ahora. Les puedo decir que el pobre Douglas únicamente tenía un defecto en el mundo, y ése era su celo. Era cariñoso conmigo, ningún hombre lo era más con su amigo. Y era amoroso con su esposa. Él quería que viniera aquí, y siempre enviaba por mí. Y no obstante si su esposa y yo hablábamos solos o aparecía una simpatía entre nosotros, una especie de ola de celos pasaba sobre él, y estaría fuera de sí y diciendo las palabras más fuertes durante un momento. Más de una vez he dejado de visitarlo por esa razón, y luego él me escribía cartas con disculpas, implorándome que volviese. ¡Pero pueden creerme, caballeros, cuando mi última palabra es que ningún hombre tuvo nunca una esposa más querida y fiel, y también puedo decir que no hubo amigo más leal que yo!

Había hablado con fervor y sentimiento, y sin embargo el inspector MacDonald no soltaba su pregunta.

—Conoce —profirió— que el anillo de bodas del cadáver había sido quitado de su dedo.

—Así parece —indicó Barker.

—¿Qué quiere decir con "parece"? Sabe que es un hecho.

El hombre pareció confuso e indeciso.

—Cuando dije "parece" quería decir que era posible que él mismo se haya sacado el aro.

—¿El simple hecho de que su anillo esté ausente, quienquiera que lo haya retirado, sugeriría a cualquiera, no es así, que el matrimonio y la tragedia están conectados?

Barker encogió sus anchos hombros.

—No puedo pensar qué significa —contestó—. Pero si sugiere que puede reflejarse de cualquier forma en el honor de esta dama —sus ojos ardieron por un instante, y luego con un esfuerzo evidente sostuvo sus propias emociones—, bueno, está sobre el camino equivocado.

—No tengo nada más que preguntarle al presente —señaló MacDonald indiferentemente.

—Hay un pequeño punto —recalcó Sherlock Holmes—, ¿cuándo entró al aposento solamente había una vela encendida en la mesa, no?

—Sí, así es.

—¿Por esta luz vio el terrible incidente ocurrido?

—Exacto.

¿Inmediatamente llamó con la campanilla por ayuda?

—Sí.

—¿Y llegó rápidamente?

—Como en un minuto más o menos.

—Y cuando arribaron encontraron la vela apagada y la lámpara prendida. Eso es interesante.

De nuevo Barker manifestó signos de vacilación.

—No veo lo interesante, Mr. Holmes, —repuso tras una pausa—. La vela daba una luz muy mala. Mi primera idea fue la de dar una mejor. La lámpara estaba en la mesa; la prendí.

—¿Y sopló la vela?

—Exacto.

Holmes no formuló más preguntas, y Barker, con una mirada deliberada de uno a otro de entre nosotros con, como me pareció, algo de desafío en ella, se volvió y abandonó el cuarto. El inspector MacDonald envió una nota con la intención de interrogar a Mrs. Douglas en su habitación; pero nos respondió diciendo que nos recibiría en el comedor. Entró, una alta y bella mujer de unos treinta, reservada y retraída a un alto grado, muy diferente de la trágica y perturbada mujer que yo había imaginado. Es verdad que su cara esta pálida y marcada, como la de alguien que ha pasado por un gran trauma; pero sus ademanes eran sosegados, y la mano finamente moldeada que descansaba en el borde de la mesa estaba tan firme como la mía. Sus tristes y suplicantes ojos viajaban de uno a otro de nosotros con una expresión inquisitiva. La mirada fija y preguntona se transformó abiertamente en una conversación abierta.

—¿Han encontrado algo ya? —consultó.

¿Fue mi imaginación o había un pequeño tono de miedo más que de esperanza en la interpelación?

—Hemos llevado cada paso posible, Mrs. Douglas —expresó el inspector—. Puede estar segura que nada será pasado por alto.

—No escatimen el dinero —dijo en un tono muerto y llano—. Es mi deseo que todo esfuerzo posible sea realizado.

—Tal vez pueda decirnos algo que traiga alguna claridad al asunto.

—Me temo que no; pero todo lo que sé está a su disposición.

—Hemos escuchado de Mr. Cecil Barker que usted no vio, que usted nunca estuvo en el cuarto donde aconteció la tragedia.

—No, él me regresó de vuelta a las escaleras. Me suplicó que regresase a mi aposento.

—Así es. ¿Oyó el disparo, e inmediatamente bajó?

—Me puse mi batín y después bajé.

—¿Cuánto tiempo pasó desde que percibió el disparo y que Mr. Barker la detuviera en la escalera?

—Pudo haber sido un par de minutos. Es difícil reconocer el tiempo en esos momentos. Me imploró que no continuara. Me aseguró que no podía hacer nada. Luego, Mrs. Allen, el ama de llaves, me condujo arriba nuevamente. Era todo como un horrendo sueño.

—¿Puede darnos una idea de cuánto tiempo su esposo había estado abajo antes del disparo?

—No, no puedo decir. Fue desde su cuarto de vestir, y no lo escuché irse. Daba una recorrido por casa todas las noches, porque le asustaba el fuego. Era la única cosa que yo sabía que le atemorizaba.

—Ése es justo el punto al cual quiero que venga, Mrs. Douglas. Usted conoció a su marido en Inglaterra, ¿no es así?

—Sí, hemos estado casados cinco años.

—¿Lo oyó hablar de algo que le haya ocurrido en América y que le podría traer algún peligro?

Mrs. Douglas meditó seriamente antes de responder.

—Sí —explicó por fin—, siempre sentí que había cierto peligro sobre él. Se rehusaba a discutirlo conmigo. No fue por falta de confianza en mí, había el amor más completo y leal entre nosotros, pero quería con todas sus fuerzas mantener cualquier sobresalto lejos de mí. Argumentó que me asustaría si lo sabía todo, por eso estaba tan callado.

—¿Cómo lo supo, entonces?

La cara de Mrs. Douglas se encendió con una rápida sonrisa.

—¿Puede un cónyuge cargar su secreto toda la vida sin que la mujer que lo ama tener una sospecha al respecto? Entendía su rechazo a hablar de ciertos episodios de su vida americana. Lo entendía por ciertas precauciones que tomaba. Lo concebía por ciertas palabras que se le escapaban. Lo entendía por la mancra en que veía a extraños inesperados. Estaba perfectamente segura que tenía poderosos enemigos, que creía que iban por su rastro, y que siempre estaba en guardia contra ellos. Estaba tan segura de ello que por años he estado aterrorizada si llegaba más tarde de lo esperado.

—¿Puedo preguntar —formuló Holmes— qué palabras fueron las que atrajeron su atención?

—El Valle del Terror —contestó la señora—. Ésa fue una expresión que usó cuando lo interrogué. "He estado en el Valle del Terror. No estoy fuera de él todavía." "¿Nunca podremos salir del Valle del Terror?" le pregunté cuando lo vi más serio de lo usual. "A veces pienso que nunca podremos" respondió.

—¿Seguramente le interpeló qué quería decir con el Valle del Terror?

—Lo hice; pero su rostro se volvió muy grave y sacudió su cabeza. "Es suficientemente malo que uno de nosotros esté bajo su sombra" dijo "¡Ruega a Dios que nunca caiga sobre ti!" Era un valle real en el cual había vivido y en el que algo terrible le había ocurrido, de eso estoy segura; pero más no le puedo decir.

—¿Y alguna vez mencionó nombres?

—Sí, estaba delirando por una fiebre una vez cuando tuvo su accidente cazando tres años atrás. Recuerdo que había un nombre que continuamente venía a sus labios. Lo pronunciaba con furia y una clase de horror. McGinty era el nombre, jefe del cuerpo McGinty. Le pregunté al recuperarse quién era el jefe del cuerpo McGinty, y de qué cuerpo era su amo. "¡Nunca del mío, gracias a Dios!" respondió con una risa, y eso fue todo lo que pude obtener de él. Pero hay una conexión entre el jefe del cuerpo McGinty y el Valle del Terror.

—Hay otro punto —añadió el inspector MacDonald—. ¿Conoció a Mr. Douglas en una pensión en Londres, no es así, y se comprometieron allí? ¿Hubo algún romance, algo secreto o misterioso, concerniente al matrimonio?

—Hubo romance. Siempre hay romance. No hubo nada misterioso.

—¿No tuvo un rival?

—No, yo estaba libre.

—Ha oído, sin duda, que su anillo de bodas fue retirado. ¿Eso le insinúa algo? Suponga que algún enemigo de su vida pasada lo haya seguido y cometido este crimen, ¿qué posible razón podría tener para coger su anillo de compromiso?

Por un instante podría haber jurado que la más débil sombra de una sonrisa se filtró por los labios de la mujer.

—Realmente no lo puedo decir —reconoció—. Es indudablemente una cosa sorprendente.

—Bueno, no la detendremos por más tiempo, y pedimos disculpas por haberle dado problemas en este tiempo angustioso —indicó el inspector—. Hay otros puntos, sin duda; pero los referiremos a usted a medida que se vayan tomando en cuenta.

Ella se levantó, y nuevamente fui consciente de esa rápida, inquisitiva mirada que nos examinaba: "¿Qué impresión mi testimonio les ha producido?" La pregunta pudo bien haber sido dicha. Después, con una despedida, se retiró del cuarto.

—Es una hermosa mujer, una muy hermosa mujer —pronunció MacDonald pensativamente, luego de que la puerta se cerrara detrás de ella—. Este hombre Barker ha tenido un importante rol en esto. Es un hombre que puede ser atractivo para una mujer. Admite que el muerto era celoso, y posiblemente sabe muy bien el origen de sus celos. Ahí está el anillo de bodas. No lo podemos pasar por alto. El hombre que tira del anillo de compromiso de un cadáver... ¿Qué dice usted, Mr. Holmes?

Mi amigo estaba sentado con su cabeza encima de sus manos, enfrascado en una profunda meditación. Luego se levantó e hizo sonar la campana.

—Ames —expresó, cuando el mayordomo hubo entrado—, ¿dónde está Mr. Cecil Barker ahora?

—Voy a ir a ver, señor.

Regresó en un momento para decir que Barker estaba en el jardín.

—¿Puede acordarse, Ames, qué era lo que Mr. Barker tenía puesto en sus pies cuando lo encontró en el estudio?

—Sí, Mr. Holmes. Tenía sus pantuflas de dormir. Le llevé sus botas cuando fue a ver a la policía.

—¿Dónde están las pantuflas ahora?

—Aún están bajo la silla en el vestíbulo.

—Muy bien, Ames. Es, por supuesto, importante para nosotros saber cuáles son las huellas de Mr. Barker y cuáles las de fuera.

—Sí señor. Debo decir que he advertido que las chinelas están manchadas con sangre, al igual que las mías.

—Eso es natural, considerando la condición del aposento. Muy bien, Ames. Nosotros lo llamaremos si lo necesitamos.

Pocos minutos después estábamos en el estudio. Holmes trajo consigo las chinelas del pasadizo. Como Ames dijo, las suelas estaban oscuras de sangre.

—¡Extraño! —murmuró Holmes, mientras permanecía a la luz de la ventana y las examinaba minuciosamente—. ¡Muy extraño en realidad!

Inclinándose con uno de sus rápidos impulsos felinos, colocó la pantufla sobre la marca de sangre en el umbral. Coincidía exactamente. Sonrió en silencio a sus colegas.

El inspector se transformó en excitación. Su acento nativo se confundió como una varita en medio de las rieles.

—¡Hombre! —exclamó— no hay duda de ello! Barker ha marcado la ventana por sí mismo. Es bastante más ancha que cualquier otra marca de pie. Recuerdo que usted dijo que era un pie achatado, y aquí está la explicación. ¿Pero cuál es el juego, Mr. Holmes, cuál es el juego?

—Eso, ¿cuál es el juego? —mi amigo repitió pensativamente.

White Mason se rió entre dientes y frotó sus gruesas manos en satisfacción profesional.

—¡Dije que era un caso formidable! —voceó— ¡Y uno verdaderamente formidable!

Capítulo VI
UNA TENUE LUZ

Los tres detectives tenían muchos detalles en los que reflexionar; por lo que retorné solo a nuestro modesto cuartel en la posada del pueblo. Pero antes de hacerlo tomé un paseo en el curioso jardín del mundo antiguo que flanqueaba la casa. Filas de tejos muy ancianos cortados en extraños diseños rodeaban todo a su alrededor. Dentro había un bello ámbito de césped con un viejo reloj de sol, dando un efecto tan aliviante y descansado que fue recibido por mis nervios perturbados.

En la profunda y pacífica atmósfera uno puede olvidar, o recordar solamente como una fantasiosa pesadilla, ese oscuro estudio con la extendida, ensangrentada figura en el piso. Y aún así, yo mientras vagabundeaba por ahí y trataba de humedecer mi alma en ese suave bálsamo, un singular incidente aconteció, lo que me trajo de vuelta a la tragedia y dejó una siniestra impresión en mi mente.

He dicho que una decoración de tejos circundaba el jardín. En el final más alejado de la casa se engrosaban en una continua barrera. Al otro lado de este vallado, oculto de los ojos de cualquiera acercándose desde la casa, había un asiento de piedra. Mientras me aproximaba al sitio distinguí voces, algunos comentarios en los tonos graves de un hombre, contestados por un pequeño murmullo de risa femenina.

Un momento después había llegado al final de la barrera y mis ojos divisaron a Mrs. Douglas y al hombre Barker sin que se dieran cuenta de mi presencia. Su apariencia me provocó asombro. En el comedor había sido modesta y discreta. Ahora toda presencia de dolor se había alejado de ella. Sus ojos brillaban con la alegría de vivir, y su cara se estremecía con gozo a las palabras de su compañero. Él se había sentado hacia delante, con sus manos apretadas y sus antebrazos en sus rodillas, con una demostrativa sonrisa en su audaz y atractivo rostro. En un instante, pero fue uno que llegó demasiado tarde, volvieron a ponerse sus solemnes máscaras a la vez que mi figura entraba en su vista. Una palabra apurada o dos se pasaron entre sí, y tras ello Barker se levantó y vino hacia mí.

—¿Excúseme, señor —refirió—, pero me estoy dirigiendo al Dr. Watson?

Le hice una reverencia con una frialdad que mostraba, puedo decirlo, muy claramente la impresión que se había producido en mi mente.

—Pensamos que tal vez era probablemente usted, pues su amistad con Mr. Sherlock Holmes es muy conocida. ¿Le importaría venir y hablar con Mrs. Douglas un instante?

Lo seguí con una rigurosa cara. Muy limpiamente en mi mente podía ver a esa figura destrozada en el piso. Y aquí pocas horas después de la tragedia estaban su esposa y su amigo más cercano riéndose detrás de un arbusto en el jardín que había sido suyo. Saludé a la señora con reserva. Me había apenado con su desdicha en el comedor. Ahora veía a su atenta mirada con un ojo divagante.

—Me temo que me crea usted una persona insensible y de corazón de piedra —manifestó.

Me encogí de hombros.

—No es mi asunto —alegué.

—Tal vez algún día me haga justicia. Si sólo supiera...

—No hay necesidad de que el Dr. Watson sepa nada —interrumpió Barker rápidamente—. Como él mismo dijo, éste no es un posible asunto suyo.

—Exacto —repliqué— y siendo así les pediría que me permitan proseguir con mi caminata.

—Un momento, Dr. Watson —gritó la mujer en una voz suplicante—. Hay una pregunta que me puede contestar con más autoridad que nadie en el mundo, y podría hacer una gran diferencia para mí. Conoce a Mr. Holmes y sus relaciones con la policía mejor que nadie. Presumiendo que un suceso fuese llevado reservadamente a su conocimiento, ¿es totalmente necesario que se lo pase a los detectives?

—Sí, eso es —añadió Barker ansiosamente—. ¿Está por sí mismo o está completamente con ellos?

—Realmente no sé si pueda ser justificado al discutir sobre ese punto.

—¡Le ruego, le imploro que lo haga, Dr. Watson! Le aseguro que nos estará ayudando, me estará ayudando de gran manera si nos guía en ese punto.

Hubo un tono tal de sinceridad en la voz de la mujer que por un instante me olvidé todo acerca de su ligereza y me vi movido a cumplir su deseo.

—Mr. Holmes es un investigador independiente —contesté—. Es su propio jefe, y procedería de acuerdo a como su propio juicio se lo indique. Al mismo tiempo, naturalmente siente lealtad hacia los oficiales que están trabajando en el mismo caso, y no les ocultaría nada que les pueda ayudar en entregar al criminal a la justicia. No puedo decir nada más allá de esto, y les podría llevar a donde el mismo Mr. Holmes si desean una información más completa.

Diciendo esto cogí mi sombrero y regresé a mi camino, dejándolos detrás de esa barrera ocultadora. Miré hacia atrás mientras rodeaba el final de ésta y vi que aún hablaban muy encarecidamente, y, como me estaban observando, era obvio que era nuestro encuentro el objeto de su debate.

—No deseo ninguna de sus confidencias —explicó Holmes, cuando le reporté lo que había ocurrido. Había pasado toda la tarde en Manor House en consulta con sus dos colegas, y regresado alrededor de las cinco con un voraz apetito por un té cargado que le había ordenado—. Sin confidencias, Watson; porque son poderosamente embarazosas si llegamos a un arresto por conspiración y asesinato.

—¿Cree que se llegará a eso?

Estaba en su más jovial y vivo humor.

—Mi querido Watson, cuando haya exterminado a esta cuarta postura deberé estar listo para ponerlo al corriente de toda la situación. No digo que la hayamos desentrañado, estamos lejos de ello, pero cuando hayamos rastreado la pesa de gimnasia perdida...

—¡La pesa!

—¿Cielos, Watson, es posible que no haya penetrado el hecho de que el caso depende de la pesa perdida? Bueno, bueno, no debe deprimirse; entre nosotros, no creo que ni el inspector Mac ni el excelente profesional local hayan vislumbrado la gigantesca importancia de este incidente. ¡Una pesa, Watson! ¡Imagine un atleta con una pesa! Imagínese el desarrollo unilateral, el inminente peligro de una curvatura espinal. ¡Impactante, Watson, impactante!

Se sentó con su boca llena de tostada y sus ojos centelleando con malicia, observando mi enredo intelectual. La simple vista de excelente apetito era una certeza de su acierto; porque tenía muy claras memorias de días y noches sin una pizca de comida, cuando su frustrada mente se irritaba ante un problema mientras sus delgados y ansiosos rasgos se atenuaban más con el ascetismo de completa concentración mental. Finalmente encendió su pipa, y sentado junto al hogar de la vieja posada del pueblo habló despacio y al azar sobre su caso, más bien como alguien que piensa en voz alta que como alguien que hace una considerada declaración.

—¡Una mentira, Watson, una muy grande, gruesa, sorpresiva, sin compromisos y aislada mentira, eso es lo que nos espera en la entrada! Ése es nuestro punto de partida. La completa historia referida por Barker es una mentira. Pero la historia de Barker está corroborada por Mrs. Douglas. Por lo tanto también está mintiendo. Ambos están mintiendo, y en conspiración. Ahora tenemos el problema claro. ¿Por qué están mintiendo, y cuál es la verdad que están intentando tan arduamente esconder? Tratemos, Watson, usted y yo, si podemos pasar por encima de la mentira y reconstruir la verdad.

¿Cómo sé que están mintiendo? Porque es una torpe elaboración que simplemente no puede ser cierta. ¡Considere! De acuerdo a la historia que nos ha sido contada, el asesino tuvo menos de un minuto luego de haber sido cometido el crimen para sacar el anillo, que estaba bajo otro aro, del dedo del muerto, volver a poner el otro anillo, algo que seguramente nunca habría hecho, y colocar esa singular tarjeta al lado de la víctima. Digo que todo esto es obviamente imposible.

Puede discrepar, pero tengo mucho respeto de su juicio, Watson, para creer que lo haga, que el anillo haya sido tomado antes de que el hombre fuera asesinado. El hecho de que la vela haya sido prendida por poco tiempo demuestra que no hubo una entrevista de mucho tiempo. ¿Era este Douglas, por lo que hemos escuchado de su carácter temerario, un hombre que daría su anillo de bodas sin mayores objeciones, o podríamos concebir que lo haya dado después de todo? No, no, Watson, el asesino estuvo solo con el difunto por algo de tiempo con la lámpara encendida. De eso no tengo duda alguna.

Pero el tiro fue supuestamente la causa de la muerte. Por consiguiente éste debió ser disparado un poco antes de lo que nos indicaron. No debe haber error en ello. Estamos en presencia, así, de una deliberada conspiración de parte de las dos personas que oyeron la explosión, del hombre Barker y de la mujer Douglas. Cuando encima de todo esto puedo demostrar que la marca de sangre en el umbral de la ventana fue puesta a propósito por Barker para dar una falsa pista a la policía, admitirá que el caso se vuelve más siniestro para él.

Ahora nos preguntamos a qué hora el asesinato ciertamente se llevó a cabo. A la diez y media los sirvientes se movían por toda la casa; ciertamente no fue antes de ese tiempo. A un cuarto para las once todos se habían ido a sus cuartos con la excepción de Ames, quien estaba en la despensa. He estado haciendo algunos experimentos después de que nos dejó esta tarde, y me di cuenta de que ningún sonido que MacDonald haya hecho en el estudio pudo penetrar hacia mí hasta la despensa con todas las puertas cerradas.

Es distinto, no obstante, desde la habitación del ama de llaves. No está muy lejos del corredor, y desde ahí pude remotamente oír un ruido cuando era lo suficientemente fuerte. El sonido de una escopeta es un poco amortiguado cuando la descarga es a corta distancia, como indudablemente es en este suceso. No era muy fuerte, pero en el silencio de la noche pudo fácilmente haber penetrado a la alcoba de Mrs. Allen. Ella es, como nos ha dicho, algo sorda; pero sin embargo ella mencionó en su testimonio que sí oyó algo como un portazo media hora antes que se diera la alarma. Media hora antes que sonase la alarma sería un cuarto para las once. No tengo duda de que lo que escuchó fue el ruido del arma, y que fue el auténtico momento del homicidio.

Si es así, debemos determinar ahora qué es lo que Mr. Barker y Mrs. Douglas, asumiendo que no son los verdaderos asesinos, podían haber estado haciendo desde un cuarto para las once, cuando el sonido del disparo los llevó abajo, hasta las once y cuarto, cuando dieron un campanillazo para convocar a los sirvientes. ¿Qué estaban haciendo y por qué no dieron inmediatamente la alarma? Ésa es la pregunta con la que nos confrontamos, y que cuando sea respondida seguramente habremos apartado algo de peso del problema.

—Estoy convencido —afirmé— de que hay un entendimiento entre ambas personas. Debe ser una criatura sin corazón para sentarse a reír con una broma a pocas horas del crimen de su marido.

—Exacto. No destaca como una esposa incluso en su propio relato de lo que ocurrió. No soy un completo admirador del género femenino, como sabe, Watson, pero mi experiencia en la vida me ha enseñado que hay algunas mujeres que, sin tener consideración por su cónyuge, tendrían a cualquier palabra de hombre entre ellas y el cadáver de su pareja. Si me casara alguna vez, Watson, esperaría inspirar a mi esposa un sentimiento tal que le advierta ser ganada por mi casero cuando mi cuerpo aún yazca a pocas yardas de ella. Está pésimamente dirigida su actuación; porque incluso los más novatos investigadores estarían sorprendidos por la ausencia del usual alarido femenino. Si no hubiera nada más, este solo incidente me sugeriría una conspiración premeditada.

—¿Piensa, definitivamente, que Barker y Mrs. Douglas son culpables del homicidio?

—Sus preguntas son amenazantes y directas, Watson —insinuó Holmes, meciendo su pipa frente a mí—. Vienen hacia mí como balas. Si dice que Mrs. Douglas y Barker conocen la verdad del crimen, y están conspirando para ocultarla, puedo darle una respuesta con toda mi intuición. Estoy seguro que lo hacen. Pero su proposición sinuosa no es muy lúcida. Por un momento consideremos las dificultades que hay en el camino.

Presumamos que esta pareja está unida por los lazos de un amor pecaminoso, y que han determinado deshacerse del hombre que se pone en medio. Es una peligrosa suposición; porque una discreta pesquisa entre los sirvientes y demás han fallado en corroborarla. Por el contrario, hay una gran evidencia de que los Douglas estaban muy unidos el uno del otro.

—Eso, estoy convencido, no puede ser verdad —interrumpí recordando la bella cara sonriente en el jardín.

—Bueno, por lo menos daban la impresión. Sin embargo, pensemos que son una pareja extraordinariamente astuta, que engañan a todos en ese punto, y conspiran para matar al marido. Él al parecer es un hombre del cual pende un peligro...

—Sólo tenemos su palabra para ello.

Holmes se veía reflexivo.

—Ya veo, Watson. Está formulando una teoría por la cual todo lo que dicen desde un inicio es falso. De acuerdo a su idea, nunca hubo una amenaza oculta, o sociedad secreta, o Valle del Terror, o jefe MacAlguien, o todo lo demás. Bueno, ésa es una impetuosa generalización. Veamos hasta dónde nos lleva. Concibieron esa teoría por culpa del crimen. Luego ellos continúan con la idea dejando una bicicleta en el parque como prueba de la existencia de un extraño. La mancha en el umbral se transmite a la misma idea. También lo hace la tarjeta sobre el cuerpo, que pudo haber sido preparada en la casa. Todo eso cabe en su hipótesis, Watson. Ahora vamos a las feas, angulares y aisladas partes que no caben en sus lugares, ¿Por qué una escopeta cortada de entre todas las armas, y una americana encima de todo? ¿Cómo pueden haber estado tan seguros que el sonido no traería a alguien al sitio? Fue una simple casualidad que Mrs. Allen no haya comenzado a indagar sobre el cierre de la puerta. ¿Por qué la pareja culpable hizo todo esto, Watson?

—Confieso que no lo puedo explicar.

—Luego nuevamente, si una mujer y su amante conspiran para matar al marido, ¿van a anunciar su delito deliberadamente quitando el anillo de bodas de después de su muerte? ¿Eso le suena probable, Watson?

—No.

—Y de nuevo, si la idea de dejar una bicicleta escondida fuera se le hubiera ocurrido a usted, valdría la pena verdaderamente cuando el más torpe detective diría que es una obvia artimaña, porque la bicicleta sería la primera cosa que el fugitivo utilizaría para escapar.

—No puedo presumir ninguna explicación.

—Y aún así no hay combinación de eventos de los cuales el ingenio del hombre no pueda concebir una explicación. Simplemente como un ejercicio mental, sin ninguna afirmación de que sea verdad, permítame revelarle la posible línea de pensamiento. Es, como admito, solamente imaginación; ¿pero cuán frecuentemente es la imaginación la madre de la verdad?

Supondremos que hay un secreto delictivo, uno realmente vergonzoso en la vida de este hombre Douglas. Esto conduce a un asesinato por alguien que es, conjeturamos, un vengador, alguien de fuera. Este vengador, por alguna razón que confieso que aún no puedo explicar, tomó el aro de compromiso del muerto. La vendetta concebiblemente data hasta el primer matrimonio del hombre, y el anillo fue sustraído por esa razón.

Antes que el vengador se fuera, Barker y la esposa llegaron a la estancia. El asesino los convenció que cualquier intento llevaría a la publicación de algún escándalo horrible. Fueron absorbidos por esa idea, y prefirieron dejarlo ir. Para este propósito posiblemente descendieron el puente, lo que puede ser hecho sin ningún ruido, y luego vuelto a levantar. Hizo este escape, y por alguna razón creyó que podía hacerlo más a salvo a pie que en bicicleta. Por lo tanto, dejó esa máquina donde no pueda ser descubierta hasta que esté suficientemente seguro. Hasta ahí aún estamos en los límites de la posibilidad, ¿no es así?

—Bueno, es posible, sin duda —repliqué, con algo de reserva.

—Debemos reconocer, Watson, que lo que sea que ocurrió fue algo innegablemente muy extraordinario. Bien, ahora, para continuar con nuestro caso hipotético, la pareja, no necesariamente la pareja culpable, se dio cuenta después de que el homicida se encuentra marchado, que se habían puesto en una situación en la que podía ser difícil justificar que ellos mismos no cometieron el crimen o fueron cómplices de él. Rápidamente y un poco ingenuamente fabricaron un hecho. La huella fue puesta por la pantufla de Barker ensangrentada en el umbral de la ventana para sugerir que por allí el fugitivo había escapado. Obviamente eran los dos que habían oído el arma; por lo que dieron la alarma exactamente como debió haber sido, pero una buena media hora después del evento.

—¿Y cómo se propone probar esto?

—Bueno, si hubiera un extraño, podría ser rastreado y capturado. Ésa sería la más efectiva de todas las pruebas. Pero si no, bueno, los recursos de la ciencia están lejos de extinguirse. Creo que una tarde solo en el estudio me ayudaría mucho.

—¡Una tarde solo!

—Me dispongo a ir allá personalmente. Lo he arreglado todo con el estimable Ames, quien por ningún motivo confía en este Barker. Me deberé sentar en ese aposento y ver si su atmósfera me trae inspiración. Creo que el genio depende del sitio. Sonríe, amigo Watson. Bueno, ya veremos. De paso, tiene usted un gran paraguas, ¿no es así?

—Está aquí.

—Bien. Lo pediré prestado si me lo permite.

—¡Indudablemente, pero qué pésima arma! Si hay peligro...

—Nada serio, mi querido Watson, o de otro modo solicitaría de seguro su asistencia. Pero tomaré el paraguas. Al presente solo estoy aguardando el regreso de nuestros colegas de Tunbridge Wells, donde deben estar ocupados en buscar un probable dueño de la bicicleta.

Era ya caída la tarde antes que el inspector MacDonald y White Mason retornaran de su expedición, y arribaron satisfechos, reportando un gran avance en nuestra investigación.

—Hombre, admito que tenía mis dudas de que si alguna vez hubo un forastero —profirió MacDonald—; pero eso está todo pasado ahora. Tenemos nuestra bicicleta identificada, y una descripción de nuestro hombre; por lo que eso es un gran paso en nuestra ruta.

—Me suena como el comienzo del fin —manifestó Holmes—. Estén seguros que los felicito con todo mi corazón.

—Bueno, yo empecé desde el hecho que Mr. Douglas había estado perturbado desde el día anterior, cuando había estado en Tunbridge Wells. Era en Tunbridge Wells entonces donde se volvió consciente del peligro. Era evidente, por consiguiente, que si un hombre había ido con una bicicleta era desde Tunbridge Wells donde se podía esperar que hubiera venido. Tomamos la bicicleta con nosotros y la mostramos en los hoteles. Fue identificada inmediatamente por el gerente de "The Eagle Commercial" como perteneciente a un hombre llamado Hargrave, quien había tomado un cuarto dos días atrás. Esta bicicleta y una pequeña maleta eran sus únicas pertenencias. Había registrado su nombre como proveniente de Londres, pero no dio dirección. Esa valija fue hecha en Londres, y los contenidos eran británicos; pero el hombre era indudablemente un americano.

—¡Bien, bien —expresó Holmes alegremente—, han realizado verdaderamente un sólido trabajo mientras yo he estado sentado revolviendo teorías con mi amigo! Es una lección para ser práctico, Mr. Mac.

—Hey, no es demasiado, Mr. Holmes —señaló el inspector con satisfacción.

—Pero esto puede todo encajar en sus teorías —remarqué.

—Puede ser o puede no ser. Pero cuéntenos el final, Mr. Mac. ¿No había nada para identificar a este hombre?

—Tan poco que era evidente que se había guardado cuidadosamente de toda identificación. No había papeles ni cartas, ni marcas en las ropas. Un mapa cíclico del condado yacía en la mesa de dormitorio. Dejó el hotel ayer en la mañana con su bicicleta, y nada más fue oído sobre él hasta nuestras indagaciones.

—Eso es lo que me perturba —declaró White Mason—. Si el tipo no quería destacar y el escándalo se cierne sobre él, uno se imaginaría que regresaría y se quedaría en el hotel como un inofensivo turista. Como van las cosas, debe saber que será reportado a la policía por el gerente del hotel y que su desaparición debe estar conectado al asesinato.

—Uno lo imaginaría de ese modo. Aún así, está ajustado a sus conocimientos al día, en todo sentido, pues no ha sido capturado. ¿Pero su descripción, cuál es?

MacDonald dio un vistazo a su libreta de notas.

—Aquí la tenemos hasta donde nos la han podido dar. No parecen haber tenido una muy particular impresión de él; pero el portero, el conserje y la camarera están todos de acuerdo en determinados puntos. Era un hombre de unos cinco pies y nueve de altura, cincuenta o algo así de edad, su cabello ligeramente entrecano, un grisáceo bigote, una nariz curvada, y un rostro que todos describieron como fiero y repulsivo.

—Bueno, excepto la expresión, esa casi podría ser la misma descripción de Douglas —argumentó Holmes—. Tiene más de cincuenta, con pardusco cabello y bigote, y más o menos la misma altura. ¿Obtuvo algo más?

—Estaba vestido en una ropa gris fuerte con un chaquetón, y vestía un corto abrigo amarillo y una suave gorra.

—¿Qué hay sobre la escopeta?

—Tiene menos de dos pies. Fácilmente entraría en su valija. La podría cargar dentro de su saco sin dificultad.

—¿Y qué piensa que todo esto arroje al caso en sí?

—Bueno, Mr. Holmes —insinuó MacDonald— cuando tengamos a nuestro hombre, y puede estar seguro que ya telegrafié con su descripción cinco minutos después de oírla, estaremos aptos para juzgar. Pero, incluso como se sostiene, hemos ya recorrido un largo trecho. Sabemos que un americano que se llama a sí mismo Hargrave fue a Tunbridge Wells hace dos días con una bicicleta y una maleta. En la última había una escopeta aserrada; por lo que vino con el propósito deliberado del crimen. Ayer en la mañana marchó para este lugar con su bicicleta, con su arma escondida en su abrigo. Nadie lo vio llegar, hasta donde sabemos; pero no necesitó pasar por la villa para llegar a las puertas de la mansión, y hay muchos ciclistas por la ruta. Presumiblemente ocultó su bicicleta entre los laureles donde después fue encontrada, y posiblemente acechó desde allí, con sus ojos a la casa, esperando que Mr. Douglas saliese. La escopeta era una extraña arma para usar dentro de la morada; pero tenía intención de usarla afuera, y ahí tenía grandes ventajas, porque sería imposible fallarle, y el sonido de disparos es tan común en un vecindario deportivo inglés que ninguna aviso sería dado.

—Eso está muy claro —apuntó Holmes.

—Bueno, Mr. Douglas no apareció. ¿Qué hacer por consiguiente? Dejó su bicicleta y se aproximó hacia la vivienda en el crepúsculo. Encontró el puente abajo y nadie alrededor. Tomó su oportunidad, intentando, sin duda, dar alguna excusa si se interceptaba con alguien. No lo hizo. Se deslizó al primer cuarto que vio y se encubrió detrás de la cortina. Allí vio que el puente levadizo se elevaba y supo que su única escapatoria era a través del foso. Esperó hasta las once y cuarto, cuando Mr. Douglas en su usual recorrido nocturna entró al recinto. Le disparó y escapó, como lo dispuso. Estaba seguro que la bicicleta sería descrita por la gente del hotel y usada como una prueba en su contra; así que la dejó allí y abrió su camino por otros medios a Londres o a cualquier otro lugar seguro de escondite que ya haya previsto. ¿Cómo está eso, Mr. Holmes?

—Bien, Mr. Mac, está muy bien y muy claro hasta donde llega. Ése es su final de la historia. Mi final es que el delito fue cometido media hora antes de lo reportado; que Mrs. Douglas y Barker conspiran para encubrir algo; que ellos facilitaron el escape del asesino, o por lo menos que llegaron al cuarto antes de que escapase, y que elaboraron evidencias de su fuga por la ventana, y que con toda probabilidad lo dejaron ir al descender el puente. Ésa es mi lectura de la primera mitad.

Los dos detectives sacudieron sus cabezas.

—Bien, Mr. Holmes, si es verdad, solamente caemos de un misterio a otro —gruñó el inspector de Londres.

—Y en cierta forma uno peor —añadió White Mason—. La señora nunca ha estado en América en toda su vida. ¿Qué posible conexión podría ella tener con un asesino americano que ocasionara que lo resguarde?

—Libremente admito las dificultades —contestó Holmes—. Me he planteado hacer una investigación por mi cuenta esta noche, y es posible que pueda contribuir con algo a esta causa común.

—¿Lo podemos ayudar, Mr. Holmes?

—¡No, no! La oscuridad y el paraguas del Dr. Watson, mis requerimientos son simples. Y Ames, el fiel Ames, sin duda que me brindará ayuda. Todas mis líneas de pensamiento me dirigen infaliblemente a una pregunta básica, ¿por qué un hombre atlético debería desarrollar su contextura con un instrumento tan innatural como una sola pesa de gimnasia?

Era ya tarde aquella noche cuando Holmes regresó de su solitaria excursión. Dormíamos en un cuarto con dos camas, que era lo mejor que esa posada del campo nos podía ofrecer. Estaba ya dormido cuando fui despertado en parte por su regreso.

—Bueno, Holmes —murmuré— ¿ha descubierto algo?

Permaneció junto a mí en silencio, con la vela en su mano. Entonces la alta y reclinada figura se volvió hacia mí.

—Digo, Watson —musitó—, ¿estaría asustado de dormir en la misma habitación que un lunático, un hombre con reblandecimiento cerebral, un idiota cuya mente ha perdido su filo?

—No mucho —respondí con aturdimiento.

—¡Ah, qué suerte! —dijo, y ninguna palabra más fue pronunciada aquella noche.

Capítulo VII
LA SOLUCIÓN

La mañana siguiente, después del desayuno, encontramos al inspector MacDonald y a White Mason sentados en cercana reunión en el pequeño salón del sargento de la policía local. En la mesa frente a ellos había apiladas un montón de cartas y telegramas, que estaban cuidadosamente seleccionando y enlistando. Tres habían sido colocadas a un lado.

—¿Aún en la pista del evasivo ciclista? —Holmes interrogó felizmente—. ¿Cuál es la última noticia de ese rufián?

MacDonald apuntó desalentadamente a su montón de correspondencia.

—Está reportado desde Leicester, Nottingham, Southampton, Derby, East Ham, Richmond, y catorce otros lugares. En tres de esos, East Ham, Leicester y Liverpool, hay una clara acusación en su contra. El país parece estar lleno de fugitivos con abrigos amarillos.

—¡Por Dios! —exclamó Holmes con aire simpatizante—. Ahora, Mr. Mac, y usted, Mr. White Mason, les deseo dar una importante consejo. Cuando me metí en este caso con ustedes yo acordé, como sin duda recordarán, que no les presentaría teorías inconcretas, sino que retendría y ejecutaría mis ideas hasta que me haya asegurado de que sean correctas. Por esta razón no estoy en el presente momento diciéndoles todo lo que está en mi mente. Por otra parte, les dije que haría el juego de igual a igual con ustedes, y no creo que sea una partida justa permitirles ir por innecesarios momentos malgastando sus energías en una tarea sin beneficio alguno. Por lo tanto estoy aquí para sugerirles algo, y esa sugerencia está resumida en tres palabras, abandonen el caso.

MacDonald y White Mason miraron con asombro a su elogiado colega.

—¡Lo considera irresoluble!

—Considero su situación como sin esperanza. No considero que sea imposible llegar a la verdad.

—Pero este ciclista. No es una invención. Tenemos su descripción, su valija, su bicicleta. El tipo debe estar en algún lugar. ¿Por qué no lo podríamos atrapar?

—Sí, sí, sin duda, que está por algún lugar, y sin duda que lo atraparán; pero no haré que malgasten sus energías en East Ham o Liverpool. Estoy seguro de que podemos encontrar un pequeño atajo para el resultado.

—Está reteniendo algo. Eso no es nada justo, Mr. Holmes —el inspector estaba molesto.

—Conoce mis métodos de trabajo, Mr. Mac. Pero lo contendré por el menor tiempo posible. Sólo deseo verificar mis detalles en un sentido, lo que puede ser prontamente hecho, y luego me despediré y me iré a Londres, dejando mis resultados completamente a su servicio. Les debo demasiado de su actitud; porque en toda mi experiencia no puedo recordar un estudio más singular e interesante.

—Esto está honestamente más allá de mi percepción, Mr. Holmes. Lo vimos cuando retornamos de Tunbridge Wells anoche, y estaba en acuerdo general con nuestros resultados. ¿Qué ha sucedido desde entonces que le ha dado una completamente nueva idea del caso?

—Bueno, ya que me pregunta, pasé, como les dije que lo haría, algunas horas la última noche en Manor House.

—Bien, ¿qué ocurrió?

—Ah, solamente les puedo dar una respuesta muy general por el momento. De paso, he estado leyendo una corta pero interesante reseña de la vieja mansión, comprable por la modesta suma de un penique al tabaquero local.

Holmes sacó un pequeño folleto, adornado por el tosco grabado de la antigua Manor House, de su chaleco.

—Enormemente añade entusiasmo a la investigación, mi querido Mr. Mac, cuando uno está en consciente armonía con la atmósfera histórica de los alrededores locales. No me mire tan impacientemente; le aseguro que incluso tan escueta referencia como ésta hace rememorar una imagen del pasado en la mente de uno. Permítanme darles un ejemplo. "Erigida en el quinto año de Jacobo I, y hecha encima de un edificio más viejo, Manor House de Birlstone presenta uno de los mejores ejemplos sobrevivientes de las residencias jacobinas rodeadas con foso..."

—¡Nos está tratando como a unos tontos, Mr. Holmes!

—¡Basta, basta, Mr. Mac!, es el primer signo de mal genio que he advertido en usted. Bueno, no lo leeré palabra por palabra, ya que se siente tan susceptible por el tema. Pero cuando le digo que hay ciertas crónicas respecto al arrendamiento del lugar por un coronel del Parlamento en 1644, del escondite de Carlos por varios días durante el curso de la Guerra Civil, y finalmente de la visita a aquí por el segundo Jorge, admitirá que hay varias asociaciones de interés con esta vieja casona.

—No lo dudo, Mr. Holmes; pero ése no es asunto nuestro.

—¿No lo es? ¿No lo es? Visión ancha, mi querido Mr. Mac, es una de las cualidades esenciales en nuestra profesión. La correlación de ideas y el oblicuo uso del saber son comúnmente de extraordinario interés. Excusará estas observaciones de alguien que, aunque es un simple conocedor del crimen, es un poco mayor y tal vez más experimentado que usted.

—Soy el primero en admitirlo —afirmó el detective cordialmente—. Llega al punto, lo reconozco; pero tiene una forma muy extravagante de conseguirlo.

—Bueno, bueno, dejaré la historia pasada y me dirigiré a los hechos del presente. Hice una visita la noche pasada, como se los había mencionado, a Manor House. No vi ni a Barker ni a Mrs. Douglas. No tuve necesidad de perturbarlos; pero me sentí a gusto al escuchar que la señora no estaba visiblemente lánguida y que había participado en una excelente cena. Mi visita se la debo especialmente al buen Mr. Ames, con el cual intercambié palabras amistosas, que culminaron permitiéndome, sin dar noticia a nadie, sentarme solo por un tiempo en el estudio.

—¡Qué! ¿Con eso? —prorrumpí.

—No, no, ahora está todo en orden. Dio permiso para ello, Mr. Mac, como me fue informado. La estancia estaba en su estado normal, y en ella pasé un instructivo cuarto de hora.

—¿Qué estuvo haciendo?

—Bueno, para no hacer un misterio de tan simple asunto, estuve buscando la pesa de gimnasia perdida. Siempre ha ocupado un destacado lugar en mi propia estimación del caso. Terminé encontrándola.

—¿Dónde?

—Ah, ahí vamos al borde de lo inexplorado. Permítanme ir un poco lejos, un poco más lejos, y les prometo que compartiré todo lo que sé.

—Bueno, estamos obligados a aceptar sus propios términos —opinó el inspector—; pero cuando nos dice que dejemos el asunto, ¿por qué en nombre de todos los dioses debemos abandonar el caso?

—Por la simple razón, mi querido Mr. Mac, que no tiene la principal idea de lo que está investigando.

—Estamos investigando el asesinato de Mr. John Douglas de Birlstone Manor.

—Sí, sí, así lo están haciendo. Pero no se molesten en seguir al misterioso caballero sobre la bicicleta. Les aseguro que eso no les ayudará.

—¿Entonces qué nos propone hacer?

—Les diré justamente lo que tienen que hacer, si están dispuestos a hacerlo.

—Bueno, me veo impuesto a decir que siempre he encontrado una razón detrás de sus raros métodos. Haré lo que indiqué.

—¿Y usted, Mr. White Mason?

El detective del campo miró como pidiendo ayuda a uno y otro lado. Holmes y su sistema eran nuevos para él.

—Bueno, si es suficientemente bueno para el inspector, es suficientemente bueno para mí —pronunció por fin.

—¡Capital! —exclamó Holmes—. Bien, entonces, les recomendaré una sana y alegre caminata campestre a los dos. Me han dicho que las vistas desde Birlstone Ridge a toda la campiña son muy impresionantes. Sin duda que el almuerzo puede ser efectuado en alguna hostelería apropiada; aunque mi ignorancia del campo me impide recomendarles una. En la tarde, ya cansados pero contentos...

—¡Hombre, esto es pasarse de la raya! —gritó MacDonald, elevándose furiosamente de su silla.

—Bueno, bueno, pasen el día como gusten —manifestó Holmes, dándole palmaditas alegremente en el hombro—. Hagan lo que quieran y vayan a donde quieran, pero reúnanse conmigo antes del crepúsculo sin falta, sin falta, Mr. Mac.

—Eso suena más cuerdo.

—Todo lo que dije fue un excelente consejo; pero no insisto, siempre y cuando estén aquí cuando los requiera. Pero ahora, antes de partir, quiero que escriba una nota a Mr. Barker.

—¿Y bien?

—Se la dictaré si prefiere. ¿Listo?

> "Querido señor:
>
> Me ha acometido la idea de que es nuestro trabajo drenar el foso, esperando poder encontrar algo..."

—Es imposible —informó el inspector—. Ya he hecho una exploración allí.

—¡Basta, basta! Mi querido señor, por favor haga lo que le solicito.

—Bien, prosiga.

> "... esperando poder encontrar algo que sirva en nuestra investigación. He preparado ya los arreglos, y los obreros estarán en el trabajo mañana temprano desviando la corriente..."

—¡Imposible!

"... desviando la corriente; por lo que pensé que era mejor explicar el evento de antemano."

Ahora firme eso y envíelo personalmente a las cuatro de la tarde. A esa hora nos volveremos a encontrar en esta habitación. Hasta eso podemos hacer lo que a cada uno nos plazca; por lo que puedo asegurarle que esta investigación ha llegado a una pausa definitiva.

La tarde se estaba dibujando cuando nos volvimos a juntar. Holmes estaba de modales serios, muy curiosos, y los detectives estaban obviamente críticos y enfadados.

—Bien, caballeros —apuntó mi amigo—, les estoy pidiendo ahora que me dejen el resto de la prueba, y juzgarán por ustedes mismos si las observaciones que hago justifican las conclusiones a las que he llegado. Es una fría tarde, y no sé cuánto tiempo podría durar nuestra expedición; por eso les ruego que vistan sus sacos más abrigadores. Es de principal importancia que estemos en nuestros puestos antes de que se haga más oscuro; así que con su permiso empezaremos de inmediato.

Recorrimos a través de los límites exteriores del parque de Manor House hasta que llegamos adonde había un hueco en las rejas que lo cercaban. Por éste nos deslizamos, y luego en la lóbrega cuesta seguimos a Holmes hasta que llegamos a un arbusto que yacía cercanamente opuesto a la entrada principal y el puente levadizo. Este último no había sido elevado. Holmes se agachó detrás del escondite de laureles, y nosotros tres seguimos su ejemplo.

—Bien, ¿qué es lo que vamos a hacer ahora? —interrogó MacDonald con algo de aspereza.

—Mantener pacientes nuestras almas y hacer el menor ruido posible —Holmes respondió.

—¿Para qué estamos aquí después de todo? Realmente pienso que nos debería tratar con mayor franqueza.

Holmes se rió.

—Watson insiste en que soy un dramaturgo en la vida real —alegó—. Un toque de artista está recóndito dentro de mí, y me llama insistentemente a una representación bien escenificada. Ciertamente nuestra profesión, Mr. Mac, sería una monótona y sórdida si algunas veces no hiciéramos una escena para exaltar nuestros resultados. La abrupta acusación, el brutal palmazo en el hombre, ¿qué puede sacar uno de dicho dénouement? En cambio la inferencia veloz, la sutil trampa, el inteligente pronóstico de los próximos acontecimientos, la triunfante vindicación de audaces teorías, ¿no son estos el orgullo y la justificación de nuestro trabajo en la vida? En el presente momento usted se emociona con el encanto de la situación y la antelación de la caza. ¿Dónde estaría esa atracción si yo hubiera sido tan puntual como un horario? Sólo le pido un poco de paciencia, Mr. Mac, y todo estará despejado para usted.

—Bueno, espero que el orgullo y la justificación y todo lo demás llegue antes de que nos muramos de frío —arguyó el detective de Londres con cómica resignación.

Teníamos todos buenas razones para unirnos a la aspiración; pues nuestra vigilia era larga y amarga. Lentamente las sombras se oscurecieron sobre la larga y sombría fachada de la antigua casa. Un helado y húmedo vapor desde el foso nos congelaba hasta los huesos y hacía temblar nuestros dientes. Había una única lámpara sobre la entrada y un firme globo de aire en el estudio fatal. Todo lo demás estaba oscuro y quieto.

—¿Cuánto tiempo va a durar esto? —preguntó el inspector finalmente—.¿Y qué es eso que estamos vigilando?

—No tengo ninguna noción de cuánto tiempo durará —Holmes respondió con rigidez—. Si los criminales establecieran su itinerario como los trenes, seguramente sería más conveniente para nosotros. Y con respecto a qué es eso que... bueno, ¡eso es lo que estamos vigilando!

Mientras hablaba la brillante, amarilla luz fue oscurecida por alguien pasando adelante y atrás de ella. Los laureles en los cuales permanecíamos estaban inmediatamente opuestos a la ventana y a no más de cien pies de ella. Se abrió de par en par con un quejido de bisagra, y pudimos trabajosamente ver la oscura silueta de la cabeza y hombros de un hombre mirando hacia fuera a las sombras. Por algunos minutos permaneció observando de manera furtiva y discreta, como uno que quiere estar seguro de que no es espiado. Luego se reclinó hacia delante, y en el intenso silencio percibimos el suave chapoteo de agua removida. Parecía estar moviéndose por el foso con algo que sostenía en su mano. De repente súbitamente cogió de un trancazo algo, como un pescador lleva a tierra un pez, un grande y redondo objeto que ensombreció la luz mientras era arrastrado a través de la puerta ventana.

—¡Ahora! —gritó Holmes— ¡Ahora!

Todos estuvimos de pie tambaleándonos para cogerlo con nuestras entumecidas piernas, mientras corrimos rápidamente por el puente e hicimos sonar violentamente la campanilla. Hubo un chirrido de cerrojos desde el otro lado, y el impresionado Ames permaneció parado en la entrada. Holmes lo apartó sin decir ni una palabra y, seguido por todos nosotros, se apresuró dentro del cuarto que había sido ocupado por el hombre que habíamos estado vigilando.

La lámpara de aceite en la mesa representaba el brillo que habíamos visto de afuera. Ahora estaba en la mano de Cecil Barker, que la sostenía hacia nosotros cuando entramos. Su luz brillaba sobre su fuerte, resoluta, afeitada cara y amenazantes ojos.

—¿Qué diablos significa esto? —vociferó—. ¿Qué están buscando, después de todo?

Holmes dio un rápido vistazo a su alrededor, y luego saltó hacia un mojado bulto atado junto con una cuerda que estaba metido debajo del escritorio.

—Esto es lo que andamos buscando, ese fardo, cargado con una pesa, que acaba de sacar del fondo del foso.

Barker miró a Holmes con sorpresa en su rostro.

—¿Cómo rayos supo algo de eso? —formuló.

—Simplemente porque yo lo coloqué allí.

—¡Lo puso allí! ¡Usted!

—Tal vez debería mejor decir "lo volví a colocar allí" —contestó Holmes—. Usted recordará, inspector MacDonald, que estuve abrumado por la ausencia de una pesa. Llevé su atención a ella; pero con la presión de los otros incidentes difícilmente tuvo tiempo para darle la consideración que le habría permitido obtener deducciones de allí. Cuando hay agua cerca y una pesa está desaparecida no es una remota suposición que algo ha sido hundido en el agua. La idea valía la pena ser probada; así con la ayuda de Ames, quien me admitió en el cuarto, y el gancho del paraguas del Dr. Watson, fui capaz anoche de pescar e inspeccionar este bulto.

Era de primera importancia, sin embargo, que estuviera capacitado de probar quién la coloco allí. Esto fue logrado por el obvio artificio de anunciar que el foso sería drenado mañana, lo que tuvo, por supuesto, el efecto de que quienquiera que haya escondido el bulto ciertamente lo retiraría en el momento en que la oscuridad se lo permitiera. Tenemos nada menos que cuatro testigos y también a quien tomó ventaja de la oportunidad, y así, Mr. Barker, pienso que la palabra le pertenece ahora a usted.

Sherlock Holmes dejó el fardo empapado sobre la mesa junto a la lámpara y deshizo el nudo que lo juntaba. De adentro extrajo una pesa la cual aventó a su compañero en la esquina. Posteriormente desembolsó un par de botas.

—Americanas, como ve —recalcó señalando las puntas del calzado.

A continuación dejó en la mesa un largo, mortal y envainado cuchillo. Finalmente desembrolló un montón de vestido, incluidos un conjunto completo de ropa interior, medias, un traje gris de tweed, y un abrigo corto amarillo.

—Las ropas son comunes —explicó Holmes— salvo sólo el abrigo, que está lleno de fascinantes peculiaridades —lo sostuvo tendidamente contra la luz—. Aquí, como percibe, está el bolsillo interior prolongado hasta dentro del revestimiento de manera que daba amplio espacio para la escopeta truncada. La marca del sastre está en el cuello, "Neal, Abastecedor, Vermissa, E.E.U.U." He pasado una instructiva tarde en la librería del rector, y he aumentado mi saber añadiendo el hecho que Vermissa es una floreciente pequeña ciudad al frente de uno de los más conocidos valles del carbón y hierro de los Estados Unidos. Creo rememorar, Mr. Barker, que usted asoció los distritos de carbón con la primera esposa de Mr. Douglas, y no estaría muy lejana la inferencia de que la V. V. en la tarjeta que estaba encima del cadáver quiera decir Vermissa Valley, o que este valle que envía por delante emisarios de la muerte pueda ser el Valle del Terror del cual hemos oído. Hasta ahí está claro. Y ahora, Mr. Barker, me parece estar interponiéndome en el camino de su explicación.

Era un espectáculo ver la expresiva cara de Cecil Barker durante esta exposición del gran detective. Ira, estupefacción, consternación e indecisión se pasaron todas por turno. Finalmente buscó amparo en una ironía algo agria.

—Sabe realmente bastante, Mr. Holmes, tal vez sería mejor que le dijéramos algo más —dijo con desprecio.

—No dudo que nos pueda decir algo más, Mr. Barker; pero le convendría a usted.

—¿Oh, lo piensa así, no? Bueno, todo lo que es que si hay algún secreto aquí no es mi secreto, y no soy el hombre que lo revele.

—Bien, si se apega a esa línea, Mr. Barker —interrumpió el inspector calmadamente—, debemos mantenerlo vigilado hasta que tengamos la autorización y lo arrestemos.

—Pueden hacer su maldita gana sobre esto —exclamó Barker desafiante.

Los procedimientos parecían haber llegado a un final definitivo hasta donde los veíamos; pues uno sólo debía mirar ese rostro de granito para percatarse que ningún peine forte et dure le obligaría a hablar contra su voluntad. El incomparable desacuerdo se rompió, no obstante, por la voz de una mujer. Mrs. Douglas había estado detenida oyendo, y ahora entró al cuarto.

—Ha hecho suficiente, Cecil —manifestó—. Lo que sea que venga en el futuro, ha hecho suficiente.

—Suficiente y más que suficiente —clamó Sherlock Holmes gravemente—. Tengo todas las simpatías con usted, madame, y le ruego con fuerza que tenga confianza en el sentido común de nuestra jurisdicción y llevar a la policía voluntariamente a su entera sinceridad. Puede ser que yo mismo esté en falta por no seguir la pista que me transmitió por medio de mi amigo, el Dr. Watson; pero, en ese momento tenía todas las razones para pensar que estaba directamente vinculada con el crimen. Ahora estoy convencido de que no es así. Al mismo tiempo, hay mucho que no ha sido explicado, y le recomendaría verdaderamente que le pidiera a Mr. Douglas que nos cuente su propia historia.

Mrs. Douglas dio un grito de desconcierto por las palabras de Holmes. Los detectives y yo debimos imitarlo, cuando advertimos a un hombre que parecía haber brotado de la pared y avanzó desde las sombras de la esquina de las cuales apareció. Mrs. Douglas se volvió, y en un instante sus brazos estaban a su alrededor. Barker había asido su alargada mano.

—Es mejor de esta manera, Jack —su esposa repitió—; estoy segura de que será mejor.

—Seguro, sí, Mr. Douglas —insinuó Sherlock Holmes—, estoy convencido que lo encontrará mejor.

El hombre permaneció parpadeando viéndonos con la deslumbrada mirada de alguien que pasa de la oscuridad a la luz. Era una asombrosa cara, osados ojos grises, un fuerte, recortado y pardusco bigote, un cuadrado y proyectante mentón, y una boca caprichosa. Nos dio una buena mirada a todos, y luego ante mi asombro se me aproximó y me entregó un montón de papeles.

—He oído de usted —dijo en una voz que no era ni tan inglesa ni tan americana, sino juntas suave y complacientemente—. Usted es el historiador de este grupo. Bueno, Dr. Watson, nunca tuvo un relato tal como el que pasé a sus manos, y deposito hasta mi último dólar en eso. Relatelo a su manera; pero ahí están los hechos, y no puede perder público mientras tenga aquello. He estado encerrado dos días, y he usado las horas de la luz del día, tanta como pude obtener en esa ratonera, en poner el asunto en palabras. Ahí está la historia del Valle del Terror.

—Eso es el pasado, Mr. Douglas —detalló Sherlock Holmes quietamente—. Lo que deseamos ahora es escuchar su narración del presente.

—Lo tendrá, señor. ¿Puedo fumar mientras hablo? Bien, gracias, Mr. Holmes. Es usted mismo un fumador, si mal no recuerdo, e imaginará lo que es estar dos días sentado con tabaco en el bolsillo y estar asustado de que el olor lo delate —se recostó contra la repisa y tomó el cigarro que Holmes le había alcanzado—. He oído de usted, Mr. Holmes. Nunca pensé que lo conocería. Pero antes de que comience —apuntó a mis papeles— dirán que les he traído algo nuevo para estudiar.

El inspector MacDonald había estado observando al recién llegado con el más grande asombro.

—¡Bueno, esto sí que me atonta! —bramó por fin—. ¿Si es usted Mr. John Douglas de Birlstone Manor, entonces la muerte de quién hemos estado investigando por estos dos días, y cómo demonios sale de la nada? Me pareció verlo venir del suelo como un muñeco de una caja sorpresa.

—Ah, Mr. Mac —dijo Holmes agitando un dedo índice reprobatorio—, usted no leyó esa excelente compilación local que describía el ocultamiento del rey Carlos. La gente no se escondía en esos días sin excelentes guaridas, y el escondrijo que fue usado una vez pudo ser usado nuevamente. Me había persuadido a mí mismo que deberíamos encontrar a Mr. Douglas bajo este techo.

—¿Y cuánto tiempo ha estado jugando con este truco, Mr. Holmes? —profirió el inspector furiosamente—. ¿Cuánto tiempo nos permitió desgastarnos en una búsqueda que sabía que era absurda?

—Ni un solo instante, mi querido Mr. Mac. Solamente anoche formé mis vistas del caso. Y como no podían ser puestas a prueba hasta esta noche, lo invité a usted y su colega a tomar un descanso durante el día. ¿Algo más pude hacer? Cuando encontré el montón de ropas en el foso, inmediatamente me vino a la mente que el cuerpo que habíamos encontrado no podría haber sido el de Mr. Douglas, sino el del ciclista de Tunbridge Wells. Ninguna otra conclusión era posible. Por lo tanto, debía establecer dónde Mr. John Douglas en sí mismo debía estar, y el balance de probabilidad era que con el consentimiento de su esposa y su amigo estuviera oculto en una casa que tenía muchos convenientes para un fugitivo, y que esperara tiempos más tranquilos para realizar su escape final.

—Bueno, se lo figuró muy bien —dijo Douglas con tono aprobatorio—. Pensé que debería evadir su ley británica; porque no estaba seguro de cómo me situaba ante ella, y también vi mi oportunidad de quitarme a esos cazadores de una vez y por todas de mi pista. Debe saber, que desde el principio al final no tengo nada de qué avergonzarme, y nada que no volvería a hacer; pero ustedes me juzgarán por ustedes mismos cuando escuchen mi historia. No se preocupe en advertírmelo, inspector: Estoy listo plantarme para contar la verdad.

No voy a empezar desde el inicio. Está todo allí —indicó mi montón de papeles— y un poderosamente extraño cúmulo es. Pero todo se reduce a esto: Que hay ciertos hombres que tienen un buen motivo para odiarme y darían hasta su último dólar para saber que me han terminado. Por eso mientras yo esté vivo y ellos estén vivos, no hay seguridad en este mundo para mí. Me siguieron desde Chicago hasta California, y luego me persiguieron fuera de América; pero cuando me casé y me establecí en este calmado lugar pensé que mis últimos años los pasaría en paz.

Nunca le expliqué a mi esposa cómo estaban las cosas. ¿Por qué debería meterla en esto? Nunca volvería a estar sosegada otra vez; sino siempre imaginaría peligro. Sospeché que ella sabía algo, por lo que le dejé algunas palabras por aquí y por allá; pero hasta ayer, después de que ustedes caballeros la hayan visto, nunca supo la verdad del problema. Les refirió todo lo que conocía, y también Barker lo hizo; pues en la noche cuando esto ocurrió hubo verdaderamente poco tiempo para explicar los hechos. Ella lo sabe todo ahora, y hubiera sido un hombre más sabio si se lo hubiera dicho antes. Pero era una difícil situación, querida —tomó su mano por un instante con la suya— y actué por lo mejor.

Bueno, caballeros, el día anterior a esos acaecimientos estuve en Tunbridge Wells, y le di un vistazo al hombre en la calle. Sólo fue un vistazo; pero tengo un ojo rápido para estas cosas, y no titubeé acerca de quién era. Era el peor enemigo que tenía de entre todos, uno que ha estado a por mí como un lobo hambriento por un caribú en estos años. Me percataba que había peligro inminente, y me vine a casa listo para él. Pensé que me abriría paso entre todo ello, mi suerte era proverbial en los Estados Unidos en el '76. Nunca dudé de que siguiera conmigo aún.

Estuve en guardia todo el siguiente día, y nunca caminé fuera del parque. Estuvo bien, porque de otro modo me hubiera disparado con esa arma de perdigones antes que lo sujetase. Luego de que el puente estuviera elevado, mi mente estaba más reposada cuando el puente estaba arriba durante las noches, puse el asunto fuera de mi cabeza. Nunca soñé de su llegada a la mansión y su espera por mí. Pero cuando hacía mi ronda con mi batín, como era mi hábito, no había ni entrado al estudio cuando percibí la amenaza. Supongo que cuando un hombre ha vivido con riesgos toda su vida, y he tenido más que suficientes en mi existencia, hay una especie de sexto sentido que alza la bandera roja. Vi la señal claramente, y aún así no puedo decirles por qué. Al siguiente instante distinguí una bota bajo la cortina de la ventana, y ahí vi ciertamente todo.

Sólo tenía la vela que estaba en mi mano; pero había una buena luz de la lámpara del vestíbulo a través de la puerta abierta. Dejé la vela y salté por un martillo que había abandonado en la mesilla. En ese momento se arrojó sobre mí. Vi el destello de un cuchillo, y le golpeé con el martillo. Le di en alguna parte, pues el cuchillo tintineó en el piso. Me esquivó gracias a la mesa tan rápido como una anguila, y un momento después había sacado su arma de su abrigo. Lo oí percutiéndola; pero la tenía agarrada antes de que pudiera disparar. La así por el cañón, y la forcejeamos por un minuto o más. Era la muerte para el hombre que perdiera su empuñadura.

Nunca perdió su asidero; pero retrocedió por un largo momento. Tal vez fui yo quien jaló el gatillo. Tal vez la hicimos disparar entre los dos. De cualquier forma, le dieron los dos cañones en la cara, y ahí estaba, observando todo lo que quedaba de Ted Baldwin. Lo había reconocido en el pueblo, y de nuevo cuando saltó hacia mí; pero su propia madre no lo reconocería como lo vi en ese entonces. Estoy acostumbrado a fuertes trabajos, pero realmente me enfermé con su visión.

Pendía de un lado de la mesa cuando Barker vino apresuradamente. Escuché a mi esposa viniendo, y corrí a la puerta a detenerla. No era un espectáculo para una mujer. Prometí que regresaría con ella pronto. Le dije una palabra o dos a Barker, lo vio todo con una ojeada, y esperamos que el resto viniera. Pero no había signos de ellos. Entonces entendimos que no habían oído nada, y que todo lo acontecido era sólo conocido por nosotros.

Fue en ese instante que la idea vino a mí. Estaba verdaderamente deslumbrado por la brillantez de la misma. La manga del hombre estaba deslizada hacia arriba y ahí estaba la marca de la logia en su antebrazo. ¡Vean esto!

El hombre que conocíamos como Douglas se quitó su propio abrigo y el puño de la camisa para mostrar un triángulo marrón con un círculo exactamente como el que habíamos visto en el cadáver.

—Fue el enfoque de eso lo que me indujo en ella. Lo vi todo claro de una ojeada. Estaban su altura, su cabello, su figura, casi la misma que la mía. Nadie podía identificar su rostro, ¡pobre diablo! Le quité este juego de ropas, y en un cuarto de hora Barker y yo le habíamos puesto mi batín y yació tal y como lo encontraron. Amarramos todas estas cosas en un fardo, y las hicimos pesar con la única pesa que pude encontrar y lo colocamos fuera de la ventana. La tarjeta que tenía pensado poner sobre mi cuerpo estaba junto al suyo.

Mis anillos fueron colocados en su dedo; pero cuando llegamos al anillo de bodas —lo mostró en su musculosa mano— pueden ver por ustedes mismos que llegué a mi límite. No me lo había quitado desde el día en que me casé, y hubiera necesitado una lima para sacármelo. No sé, ciertamente, si hubiera debido separarme de él; pero aún si lo hubiera querido no podía. Así que dejamos ese detalle para que se cuide por sí mismo. Por otra parte, llevé un poco de yeso y lo puse donde yo estaba teniendo uno en ese momento. Se tropezó allí, Mr. Holmes, inteligente como usted mismo; pues si hubiera tenido la ocurrencia de sacar ese yeso hubiera encontrado que no había corte bajo él.

Bueno, ésa era la situación. Si me podía ocultar por un momento y luego reunirme con mi "viuda", tendríamos la oportunidad de vivir en paz por el resto de nuestras vidas. Estos demonios no me darían descanso mientras siguiera sobre la tierra; pero si veían en los periódicos que Baldwin había acabado con su hombre, habría un final para todas mis preocupaciones. No tenía mucho tiempo para exponerlo todo a Barker y a mi esposa; pero entendían lo suficiente para ayudarme. Sabía todo sobre este escondite, así también como Ames; pero nunca le entró en su cabeza conectarlo con el asunto. Me retiré a él, y estaba en Barker hacer el resto.

Supongo que se habrán imaginado lo que hizo. Abrió la ventana y diseñó la marca en el umbral para dar una idea de cómo el asesino había escapado. Era una exagerada orden, aquella; pero como el puente estaba elevado no había otra forma. Luego, cuando todo ya estaba arreglado, hizo sonar la campanilla porque él era responsable en la escena. Lo que aconteció después ya lo saben. Y así, caballeros, pueden hacer lo que les plazca; pero les he dicho la verdad, y la pura verdad, ¡ayúdame Dios! ¿Lo que les pregunto ahora es cómo me mantengo frente a la ley inglesa?

Hubo un silencio que fue interrumpido por Sherlock Holmes.

—La ley inglesa es en el fondo una justa ley. No recibirá nada peor que lo que se merece por ello, Mr. Douglas. Pero me gustaría preguntar ¿cómo este hombre supo que vivía aquí, o cómo llegar hasta su casa, o dónde esconderse para sorprenderlo?

—No sé nada de eso.

La cara de Holmes estaba muy blanca y grave.

—La historia no está concluida, me temo —dijo—. Podría encontrar peores peligros que la ley inglesa, o incluso que sus enemigos de América. Veo problemas para usted, Mr. Douglas. Tome mi consejo y manténgase en guardia.

Y ahora, mis pacientes lectores, les pediré que vengan conmigo por un tiempo, lejos de la Manor House de Birlstone en Sussex, y lejos del año de gracia en el que hicimos nuestro memorable viaje que terminó con el insólito relato del hombre conocido como John Douglas. Les pido que regresen unos veinte años al pasado, y al oeste unos miles de millas en espacio, para contarles una narración singular y terrible, tan singular y terrible que juzgarán difícil de creer que tal y como lo cuento sucedió.

No piensen que introduzco una historia antes de que otra sea finalizada. Mientras lean se darán cuenta de que no es así. Y cuando haya precisado aquellos distantes eventos y hayan resuelto esos misterios del pasado, nos encontraremos de nuevo en las habitaciones de Baker Street, donde ésta, como otras muchas maravillosas aventuras, encontrarán su final.

SEGUNDA PARTE
Los Scowrers

Capítulo I
EL HOMBRE

Era el 4 de febrero del año 1875. Había habido un severo invierno, y la nieve yacía profundamente en los desfiladeros de las Gilmerton Mountains. Los arados a vapor habían, sin embargo, mantenido los rieles abiertos, y el tren de la tarde que conecta la larga línea de campamentos de minería de carbón y extracción de hierro estaba lentamente sonando en su camino por las empinadas pendientes que llevan de Stagville en la planicie a Vermissa, el municipio central que permanece a la cabeza de Vermissa Valley. Desde este punto el camino desciende a Bartons Crossing, Helmdale, y el puramente agrícola condado de Merton.

Era un riel con una sola ruta; pero a cada desviador, y eran numerosos, largas líneas de camiones llenos de carbón y mineral de hierro hablaban de la riqueza escondida que había traído una vigorosa población y una vida trajinante a la más desolada esquina de los Estados Unidos de América.

¡Realmente era desolado! Poco podía el pequeño pionero que lo haya atravesado imaginar que las más despejadas praderas y las dehesas de la más lozana agua no tenían valor comparadas con esta sombría tierra de despeñaderos y enmarañados bosques. Sobre los oscuros y generalmente escasos sotos en sus flancos, las altas, desnudas cimas de las montañas, blanca nieve, y melladas rocas descolladas a cada lado, dejaban un largo, rico en minerales y sinuoso valle en el centro. Encima de éste el pequeño tren se arrastraba lentamente.

Las lámparas de aceite recién se habían encendido en el primer vagón de pasajeros, deteriorado carro en el que unas veinte o treinta personas se encontraban sentadas. La mayoría de estos eran obreros retornando de su faena del día en la parte baja del valle. Por lo menos una docena, por sus sonrientes rostros y las linternas de seguridad que portaban, dijeron ser mineros. Estos se sentaron a fumar en un grupo y conversaron a baja voz, mirando esporádicamente a dos hombres en el lado opuesto del carro, cuyos uniformes y medallas les sugerían que eran policías.

Varias mujeres de la clase proletaria y uno o dos viajeros quienes pudieran haber sido locales pequeños tenderos hacían el resto de la compañía, con la excepción de un joven hombre en la esquina solo. Es este hombre el que nos atañe. Denle una buena vista, pues vale la pena hacerlo.

Es un hombre joven, robusto y de estatura mediana, no lejos, uno diría, de su trigésimo año. Tenía grandes, sagaces y graciosos ojos que parpadeaban interrogantemente mientras miraba de rato en rato a través de sus anteojos a la gente a su alrededor. Es fácil deducir que es de una sociable y posiblemente simple disposición, ansioso por ser amistoso a todos los hombres. Cualquiera lo cogería en un instante porque es gregario en sus hábitos y comunicativo en su naturaleza, con una rápida inteligencia y una sonrisa lista. Y aún así el hombre que lo analice más de cerca podría distinguir una cierta firmeza en la mandíbula y fiera tensión en los labios, que le advertirían que habían profundidades en su más allá, y que este agradable, de cabellos marrones, joven irlandés podría concebiblemente dejar su marca para bien o para mal en cualquier sociedad en que sea introducido.

Teniendo uno o dos tentativos comentarios con el minero más próximo, y recibiendo sólo cortas y ásperas réplicas, el viajero se resignó al silencio incompatible, observando melancólicamente afuera de la ventana al marchito paisaje.

No era una alegre visión. A través de la creciente lobreguez ahí latía el rojo centelleo de los caloríferos en los lados de las colinas. Grandes pilas de basura y montones de carbón sobresalían a cada flanco, con las altas bocas de las hulleras dominando sobre ellas. Aglomerados conjuntos de humildes casas de madera, cuyas ventanas comenzaban a delinearse en la luz, comenzaban a esparcirse aquí y allá a lo largo del riel, y los frecuentes paraderos estaban aglomerados con sus ennegrecidos habitantes.

Los valles de hierro y del carbón del distrito de Vermissa no eran refugio para los holgazanes o los letrados. En todas partes habían severos vestigios de la severa batalla de la vida, el duro trabajo para ser hecho, y los rudos, fuertes obreros que lo hacían.

El joven peregrino clavó su mirada en este tétrico campo con el rostro de aversión mezclado con interés, que le revelaba que el escenario era nuevo para él. En los intervalos sacaba de su bolsillo una gruesa carta por la cual acudía, y en cuyos márgenes había garabateado algunas notas.

Una vez de detrás de su cintura extrajo algo que uno raramente hubiera esperado encontrar en posesión de un hombre de apacible temperamento. Era un revólver de marina del mayor tamaño. Mientras lo colocaba oblicuamente hacia la luz, el fulgor en los bordes de los cartuchos de cobre dentro del cilindro le mostraba que estaba completamente cargado. Rápidamente lo regresó a su bolsillo secreto pero no antes de que fuera notado por un proletario que se había sentado en la contigua banca.

—¡Hola, amigo! —saludó—. Se ve de pie y preparado.

El hombre joven sonrió con un aire de turbación.

—Sí —dijo —los necesitamos algunos en el lugar de donde provengo.

—¿Y dónde es?

—Últimamente estuve en Chicago.

—¿Un extraño en esta zona?

—Sí.

—Pudiera ser que la necesite aquí —alegó el trabajador.

—Ah, ¿de verdad? —el joven se vio interesado.

—¿No ha oído nada relacionado a los de acontecimientos por estos lugares?

—Nada fuera de lo habitual.

—Dios, pensé que el país estaba repleto de ellos. Los oirá prontamente. ¿Qué le hizo venir aquí?

—Siempre presté atención cuando decían que siempre hay un trabajo para un hombre dispuesto.

—¿Es un miembro de la unión?

—Seguro.

—Entonces encontrará su trabajo, creo. ¿Tiene amigos?

—No aún; pero tengo intenciones de hacerlos.

—¿Cómo es eso?

—Soy uno de la Eminent Order of Freemen. No hay pueblo sin una logia, y donde la haya haré amistades.

Esa revelación tuvo un singular efecto en su compañía. Observó sospechosamente a los otros en el carro. Los mineros continuaban murmurando entre ellos. Los dos policías dormitaban. Él se aproximó, se sentó junto al joven viajero, y sostuvo su mano.

—¡Póngala! —exclamó.

Un apretón de manos pasó entre los dos.

—Percibo que dice la verdad —mencionó el obrero—. Pero siempre es bueno asegurarse—. Elevó su mano diestra hasta su ceja derecha. El emigrante a su vez subió su mano izquierda a su ceja izquierda.

—Las noches oscuras son desagradables —pronunció el trabajador.

—Sí, para que viajen los extraños —el otro respondió.

—Eso es suficiente. Soy el Hermano Scanlan, Logia 341, Vermissa Valley. Encantado de verlo en estos sitios.

—Gracias. Soy el Hermano John McMurdo, Logia 29, Chicago. Jefe del cuerpo J. H. Scout Pero sí que tengo suerte de encontrar un hermano tan temprano.

—Bueno, hay muchos de los nuestros por aquí. No encontrara la orden más próspera en ningún lado de los Estados Unidos que aquí en Vermissa Valley. Pero podemos admitir a muchachos como usted. No concibo a un hombre activo de la unión sin encontrar nada que hacer en Chicago.

—Encontré mucho trabajo que hacer —respondió McMurdo.

—¿Entonces por qué se fue?

McMurdo movió su cabeza hacia los policías y sonrió.

—Me imagino que estos tipos estarían felices de saberlo.

Scanlan gimió compasivamente.

—¿En problemas? —formuló en un murmullo.

—Profundos.

—¿Un trabajo penitenciario?

—Y el resto.

—¡Nada ridículo!

—Es muy temprano para hablar de esas cosas —manifestó McMurdo con el aire de un sujeto que ha sido sorprendido diciendo más de lo deseado—. Tengo mis propias buenas razonas para dejar Chicago, y que sea suficiente para usted. ¿Quién es para atreverse hablar de esas cosas? —sus grises ojos centellearon con súbita y peligrosa furia de detrás de sus lentes.

—Está bien, amigo, sin ofensas. Los chicos no pensarán nada mal de usted, lo que sea que hayas hecho. ¿Hacia dónde se dirige ahora?

—Vermissa.

—Ésa es la tercera estación en la línea. ¿Dónde se quedará?

McMurdo sacó un sobre y lo aproximó a la oscura lámpara de aceite.

—He aquí la dirección, Jacob Shafter, Sheridan Street. Es una casa de huéspedes que me fue recomendada por un hombre que conocí en Chicago.

—Bueno, no la conozco; pero Vermissa está fuera de mi rango. Vivo en Hobson's Patch, y es adonde nos dirigimos. Pero, hay una pequeña recomendación que le daré antes de que nos separemos: Si está en aprietos en Vermissa, vaya directamente a la Union House a ver al jefe McGinty. Él es el jefe del cuerpo en la logia de Vermissa, y nada puede ocurrir en estos lares sin que Black Jack McGinty lo desee. ¡Adiós, amigo! Quizás nos encontremos en la logia una de estas tardes. Pero recuerda mis palabras: Si está en aprietos, vaya donde el jefe McGinty.

Scanlan descendió, y McMurdo fue abandonado nuevamente a sus pensamientos. La noche ya había caído, y las flamas de los frecuentes caloríferos rugían y saltaban en la oscuridad. Contra su cárdeno fondo figuras oscuras estaban inclinándose y estirándose, torciéndose y virando, con el movimiento del torno o el árgana, al ritmo del eterno rechinamiento y bramido.

—Me figuro que el infierno debe verse algo así como eso —enunció una voz.

McMurdo se volteó y vio que uno de los policías se había cambiado a su asiento y estaba observando afuera los vehementes despojos.

—Para eso —exclamó el otro policía—, yo también digo que el infierno debe ser como eso. Si hay peores diablos más allá que algunos que podríamos nombrar, es más de lo esperado. ¿Vislumbro que es usted nuevo en esta zona, joven hombre?

—Bueno, y qué si lo soy —McMurdo contestó en una voz arisca.

—Sólo esto, señor, que le debo aconsejar que sea cuidadoso escogiendo a sus amigos. No creo que empezaría con Mike Scanlan o con su banda si fuera usted.

—¿Qué demonios les interesa quienes sean mis amigos? —rugió McMurdo en una voz que atrajo la atención y llevó todas las caras del carro a presenciar el altercado—. ¿Les pedí consejo, o me cree un idiota que no me pueda mover sin él? ¡Hable cuando sea hablado, y por el Señor tendría que esperar un buen momento si fuera yo! —torció su rostro y mostró los dientes a los policías como un perro malhumorado.

Los dos policías, hombres fuertes y de buen carácter retrocedieron por la extraordinaria violencia con la cual sus intenciones amistosas fueron repelidas.

—Sin ofensas, extraño —indicó uno—. Era un aviso para su bien, viendo como es usted, por su apariencia, nuevo en el lugar.

—¡Soy nuevo en el lugar pero no nuevo para ustedes y su clase! —gritó McMurdo en una insensible ira—. Veo que son los mismos en todas partes, procurando sus consejos cuando nadie se los pide.

—Tal vez veamos más de usted en no mucho tiempo —señaló uno de los policías con una sonrisita—. Es usted un verdadero "escogido", si lo puedo juzgar.

—Yo estaba pensando lo mismo —remarcó el otro—. Sospecho que nos toparemos nuevamente.

—¡No les temo a ustedes, y ni siquiera lo piensen! —vociferó McMurdo—. Mi nombre es Jack McMurdo, ¿ven? Si me quieren ver, me encontrarán en la pensión de Jacob Shafter en Sheridan Street, Vermissa; así que no me estoy escondiendo de ustedes, ¿o no? ¡De día o de noche me atrevería a ver la cara de ustedes, y no confundan eso!

Hubo un murmullo de simpatía y admiración por los mineros a los intrépidos modales del recién llegado, mientras los dos policías se encogieron de hombros y renovaron la conversación entre ellos.

Unos pocos minutos después el tren llegó a una mala iluminada estación, y hubo un descenso general; pues Vermissa era por mucho la más grande villa de la línea. McMurdo levantó su maleta de cuero, y ya se iba a aventurar a la oscuridad, cuando uno de los mineros le abrió conversación.

—¡Por Dios, amigo! Usted sí sabe como hablar con los policías —pronunció en una voz de reverencia—. Fue grandioso oírlo. Déjeme cargar su saco y mostrarle el camino. Paso por donde Shafter en mi ruta a mi propia casucha.

Hubo un coro de amigables "Buenas noches" por los otros mineros mientras cruzaban la plataforma. Antes de poner un pie, McMurdo el alborotador se había vuelto un personaje en Vermissa.

El campo había sido un sitio de terror; pero el pueblo era en su propia forma más deprimente. Debajo de ese largo valle había por lo menos una tétrica grandiosidad en las enormes fogatas y las nubes de humo movedizo, mientras la fuerza y la industria del hombre encontraban convenientes monumentos en las colinas que había destruido y dejado de lado por sus monstruosas excavaciones. Pero el villorrio mostraba un nivel muerto de mezquinas fealdad y mugre. La ancha calle estaba revuelta por el tráfico y convertida en una horriblemente surcada pasta de turbia nieve. Las aceras eran estrechas y dispares. Las numerosas lámparas a gas servían únicamente para mostrar más claras las viviendas de madera, cada una con su pórtico dando a la vía, sin manutención y sucia.

Mientras se aproximaban al centro del pueblo la escena brillaba por una fila de bien iluminadas tiendas, y aún más por una caterva de tabernas y casas de juego, en las que los mineros empleaban sus difícilmente ganados pero generosos sueldos.

—Ésa es la Union House —apuntó el guía, señalando a una cantina que se elevaba casi a la dignidad de un hotel—. Jack McGinty es el líder allí.

—¿Qué clase de hombre es? McMurdo interrogó.

—¡Qué! ¿Nunca ha oído hablar del jefe?

—¿Cómo puedo haber oído de él cuando sabe que soy un extraño en estos lares?

—Bueno, pensé que su nombre era conocido a lo largo del país. Ha estado en los periódicos muchas veces.

—¿Por qué?

—Bueno —el minero bajó su voz—, por sus negocios.

—¿Qué negocios?

—¡Por Dios, señor! Es usted raro, si lo puedo decir sin ofenderlo. Sólo hay un grupo de asuntos que oirá por estos lugares, y esos son los negocios de los Scowrers.

—Vaya, me parece haber leído sobre los Scowrers en Chicago. Una banda de asesinos, ¿no es así?

—¡Por todos los cielos! —gritó el minero, permaneciendo quieto y alarmado, y observando con sorpresa a su compañía—. Hombre, no vivirá mucho tiempo en estos sitios si habla en plena calle así. Muchos hombres han perdido la vida por menos que eso.

—Bien, no sé nada de ellos. Es simplemente lo que he leído.

—Y no estoy diciendo que lo que haya leído no sea verdad —el hombre miró nerviosamente a su alrededor mientras hablaba, atisbando a las sombras como intuyendo que hubiera una amenaza acechadora— Si el matar es un asesinato, entonces Dios sabe que hay asesinatos y de sobra. Pero no arriesgue en pronunciar el nombre de Jack McGinty en conexión con él, extraño; pues cada murmullo va donde él, y no es alguien que probablemente lo deje pasar. Ahora, ésa es la vivienda que está buscando, la que queda detrás de la vía. Encontrará al viejo Jacob Shafter que la dirige tan honestamente como un hombre que viva en este municipio.

—Le doy las gracias —dictó McMurdo, y estrechando las manos con su nuevo conocido anduvo, con su maleta en mano, por el camino que llevaba al domicilio, en cuya puerta dio un resonante golpeteo.

Fue abierta inmediatamente por alguien muy diferente a lo que esperaba. Era una mujer, joven y singularmente bella. Era del tipo alemán, rubia y de cabellos blondos, con el picante contraste de un par de hermosos ojos oscuros con los que inspeccionó al extraño con sorpresa y un agradable desconcierto que trajo un rubor en su pálida cara. Enmarcada en la brillante luz de la abierta entrada, le pareció a McMurdo que nunca había visto una imagen tan encantadora; más atractiva por su contraste con los alrededores sórdidos y melancólicos. Una grata violeta creciendo entre esos negras minas amontonadas de basura no se vería tan esplendida. Tan embelesado estaba que se quedó parado observándola sin decir palabra alguna, y fue ella quien rompió el silencio.

—Pensé que era mi padre —irrumpió ella con un complaciente acento alemán—. ¿Vino a verlo? Está en el centro del pueblo. Espero que venga en cualquier minuto.

McMurdo continuó clavando sus ojos en ella con abierta admiración hasta que sus ojos cayeron en confusión ante su dominante visita.

—No, señorita —dijo por fin—. No tengo ningún apuro en verlo. Pero su morada me fue recomendada para alojarla. Pensé que me sentaría bien, y ahora sé que lo hará.

—Es rápido para decidir su mente —replicó ella con una sonrisa.

—Nadie sino un ciego no haría lo mismo —el otro contestó.

Se rió con el cumplimiento.

—Entre, señor —expresó—. Soy miss Ettie Shafter, la hija de Mr. Shafter. Mi madre está muerta, y yo dirijo la casa. Puede sentarse junto a la estufa en el cuarto que da a la calle... ¡Ah, aquí está! Puede arreglar las cosas con él de inmediato.

Un hombre fornido, anciano vino ajetreándose por el camino. En pocas palabras McMurdo le explicó su negocio. Un hombre con el nombre de Murphy le había dado su dirección en Chicago. Él también la había tenido por alguien más. El viejo Shafter estaba listo. El desconocido no tuvo problemas con los términos, aceptó rápidamente todas las condiciones, y estaba aparentemente bien provisto de dinero. Por siete dólares por semana pagó por adelantado pues iba a tener comida y morada.

Así era este McMurdo, el autoconfesado fugitivo de la justicia, tomó su habitación bajo el techo de los Shafter, el primer paso que lo llevó a una larga y oscura sucesión de eventos, terminando en una tierra muy distante.

Capítulo II
EL JEFE DEL CUERPO

McMurdo era un hombre que dejaba su huella rápidamente. En cualquier lugar en el que estaba la gente alrededor prontamente lo reconocía. En una semana se volvió enormemente la más importante persona en la vivienda de Shafter. Habían diez o una docena de huéspedes allí; pero eran honestos capataces o vulgares dependientes de las tiendas, de un muy distinto calibre del joven irlandés. En la tarde en que se juntaban su chiste era siempre el más placentero, su conversación la más brillante, y su canción la mejor. Era un genial compañero por naturaleza, con un atractivo que cautivaba el buen humor a su alrededor.

Y aún así mostraba una y otra vez, como lo había enseñado en el vagón del tren, una capacidad para una súbita, fiera ira, que forzaban el respeto e incluso el miedo de aquellos que se reunían con él. Para la ley, también, y todos los que estaban conectados con ella, exhibía un agrio desprecio que deslumbraba a unos y alarmaba a otros de sus compañeros pensionistas.

Desde el principio se hizo evidente, por su abierta admiración, que la hija de la casa había ganado su corazón el instante en que había puesto sus ojos en su belleza y gracia. No era un lerdo pretendiente. En el segundo día le dijo que la amaba, y de ahí en adelante repitió la misma historia con un absoluto caso omiso de lo que ella pudiera decir para desanimarlo. "¿Alguien más?" gritaría. "¡Bueno, la peor suerte para ese alguien más! ¡Déjenlo que se cuide a sí mismo! ¿Estaré dispuesto a perder mi oportunidad de la vida y todos los deseos de mi corazón por alguien más? Puedes seguir diciendo no, Ettie: el día llegará en que dirás sí, y soy lo suficientemente joven para esperarlo."

Era un peligroso pretendiente, con su lengua suelta irlandesa, y sus modales regulares, engatusadores. Había en él también ése hechizo de experiencia y de misterio que atrae el interés de una mujer, y finalmente su amor. Él podría hablar de los dulces valles de County Monagham de donde provenía, de la agradable, distante isla, las colinas bajas y verdes prados los cuales parecían más fastuosos cuando la imaginación los veía desde este lugar de tizne y nieve.

Estaba versado en la vida de las ciudades del Norte, de Detroit, de los campamentos madereros de Michigan, y finalmente de Chicago, donde había trabajado en un taller de acepilladura. Y después vino la insinuación de la aventura, la sensación de que extrañas cosas le habían ocurrido en esa gran ciudad, tan insólitas y tan íntimas que no podían ser habladas. Aludía con anhelo una precipitada partida, un rompimiento de viejos lazos, una evasión a un desconocido mundo, acabando en este monótono valle, y Ettie escuchaba, sus oscuros ojos destellaban con pena y con simpatía, esas dos cualidades que pueden convertirse tan rápida y naturalmente en amor.

McMurdo había obtenido un trabajo provisional como tenedor de libros; porque era un hombre bien instruido. Esto lo mantenía ocupado la mayor parte del día, y no había encontrado ocasión para reportarse al jefe de la logia de la Eminent Order of Freemen. Fue recordado de su omisión, no obstante, por Mike Scanlan, el compañero que había conocido en el tren. Scanlan, el hombre pequeño, de cara puntiaguda, vigoroso, de ojos negros pareció complacido de volver a verlo. Luego de un vaso o dos de whisky introdujo el objeto de su visita.

—Dígame, McMurdo —inquirió—. Recordé su dirección, por lo que me atreví a llamarlo. Estoy sorprendido de que no se haya reportado al jefe del cuerpo. ¿Por qué no ha visto al jefe McGinty hasta ahora?

—Bueno, debía encontrar un empleo. He estado atareado.

—Debe hacerse tiempo para él y no tiene tiempo que perder. ¡Por Dios, hombre! ¡Es usted un tonto al no ir a la Union House y registrar su nombre la primera mañana después de venir aquí! ¡Si va contra eso, bueno, no debe, y eso es todo!

McMurdo mostró una moldeada sorpresa.

—He sido un miembro de la logia por más de dos años, Scanlan, pero nunca oí que los trabajos fueran tan urgentes como parecen.

—Tal vez no en Chicago.

—Bien, es la misma sociedad aquí.

—¿Lo es?

Scanlan lo miró por un tiempo fijamente. Había algo siniestro en sus ojos.

—¿No lo es?

—Me lo comentará en el tiempo de un mes. Escuché que tuvo una conversación con los policías después que yo me fuese de tren.

—¿Cómo sabe eso?

—Oh, salió a la luz, las cosas salen a la luz para bien o para mal en este distrito.

—Bien, sí. Les dije a los sabuesos lo que pensaba de ellos.

—¡Por el Señor, usted será un hombre ante el corazón de McGinty!

—¿Qué, el también odia a la policía?

Scanlan estalló de risa.

—Vaya y véalo usted mismo, mi muchacho —pronunció mientras hizo su despedida—. ¡No será a la policía sino a usted si no lo hace! ¡Ahora, tome un consejo de amigo y vaya de inmediato!

Para su dicha sucedió que McMurdo tenía la misma tarde otra más apremiante entrevista que lo llevó en la misma dirección. Pudiera haber sido que sus atenciones con Ettie se habían hecho más evidentes que antes, o que progresivamente se habían introducido en la lenta mente de su buen anfitrión alemán; pero, cualquiera que sea la causa, el casero pensionista llamó al joven hombre a su cuarto privado y empezó con su objeto de conversación sin ningún circunloquio.

—Me parrece, señorr —alegó—, que ha puesto sus ojos sobrre mi Ettie. ¿No es así, o estoy equivocado?

—Sí, así es —contestó el joven.

—Bueno, le quierro decirr ahorra mismo que ya no tiene por qué molestarrse. Ya hay un hombrre que se ha escurrido antes de usted.

—Ella me dijo eso.

—Bien, puede estarr segurro que le dijo la verrdad. ¿Perro le dijo quién erra?

—No, le pregunté; pero ella no me lo quiso decir.

—¡No tengo duda de que no, mi pequeña! Tal vez no te querría ahuyentarr.

—¡Ahuyentarme! —McMurdo estaba ardiendo en ese momento.

—¡Ah, sí, mi amigo! No debe de averrgonzarrse por asustarrse de él. Es Teddy Baldwin.

—¿Y quién demonios es?

—Es un líderr de los Scowrrerrs.

—¡Scowrers! He oído de ellos antes. ¡Hablan de Scowrers aquí y Scowrers allá, y siempre en un murmullo! ¿A qué le temen? ¿Quiénes son los Scowrers?

El hospedero instintivamente bajó la voz, como hacían todos los que hablaban de esa aterradora sociedad.

—¡Los Scowrrerrs —informó— son la Eminent Orrderr of Frreemen!

El joven lo miró atentamente.

—Por qué, yo mismo soy un miembro de esa orden.

—¡Usted! Nunca lo habrría admitido en mi casa si lo hubierra sabido, incluso si me pagaba cien dólarres a la semana.

—¿Qué hay de malo con la orden? Es por caridad y buen compañerismo. Las reglas dicen eso.

—Tal vez en cierrtos lugarres. ¡No aquí!

—¿Qué es aquí?

—Es una sociedad asesina, eso es lo que es.

McMurdo se rió desconfiadamente.

—¿Cómo puede probar eso? —preguntó.

—¡Probarrlo! ¿No hay cincuenta muerrtes que lo demuestrran? ¿Qué hay sobrre Milman y Van Shorst, y la familia Nicholson, y el viejo Mr. Hyam, y el pequeño Billy

James, y los demás? ¡Probarrlo! ¿Hay un hombrre o una mujerr en este valle que no lo sepa?

—¡Mire aquí! —enunció McMurdo seriamente—. Quiero que se retracte de lo que ha dicho, o que lo corrija. Uno o lo otro debe hacer antes de que me retire de esta habitación. Póngase en mi lugar. Aquí estoy yo, un extraño en el pueblo. Formo parte a una sociedad que sé que es una inocente. La encontrará a lo largo y ancho de los Estados Unidos; pero siempre como una inocente. Ahora, cuando estoy pensando en inscribirme en ella aquí, me dice que es la misma que un grupo asesino denominado los Scowrers. Creo que me debe o una disculpa o una explicación, Mr. Shafter.

—Sólo le digo lo que todos saben, señorr. Los líderres de la una son los líderres de la otrra. Si ofende a una, es la otrra la que le castigarrá. Lo hemos prrobado muy comúnmente.

—¡Eso es solo un rumor, quiero pruebas! —exclamó McMurdo.

—Si vive aquí el tiempo suficiente encontrarrá sus prruebas. Pero omito que es usted uno de ellos. Prronto serrá tan perrverrso como el resto. Pero encontrarrá otras logias, señorr. No lo puedo tenerr aquí. ¿No es suficientemente malo que una de esas perrsonas venga a corrtejar a mi Ettie, y que no me atrreva a despedirrlo, sino que ahorra también tenga otrra como inquilino? Sí, de verdad, no dorrmirrá aquí después de esta noche.

McMurdo se encontró bajo palabra de expulsión tanto de sus confortables cuartos y de la chica que amaba. La encontró sola en el gabinete esa misma tarde, y vació sus problemas en su oído.

—Seguro, tu padre me acaba de advertir —anunció—. ¡Sería poco lo que me importaría si sólo fuera el aposento, pero en cambio, Ettie, aunque hace solamente una semana que te conozco, eres mi propio aliento de vida para mí, y no pudo vivir sin ti!

—¡Oh, cielos, Mr. McMurdo, no diga eso! —profirió la muchacha—. ¿Ya le dije, o no, que llegó usted tarde? Hay otro, y si no le he prometido casarme con él de inmediato, por lo menos no me puedo prometer a nadie más.

—Suponiendo que yo hubiera sido primero, Ettie, ¿tendría una oportunidad?

La chica hundió su cabeza entre sus manos.

—Desearía con todo mi corazón que hubieses sido el primero.

McMurdo estaba arrodillado ante ella en un instante.

—¡Por el amor de Dios, Ettie, no nos quedemos así! —prorrumpió—. ¿Arruinarías tu vida y la mía por causa de una promesa? ¡Sigue tu corazón, escúchalo! Es una guía más segura que cualquier promesa hecha antes de que supieras lo que estabas diciendo.

Había cogido la mano blanca de Ettie entre las suyas fuertes y tostadas.

—¡Di que serás mía, y lo enfrentaremos todo juntos!

—¿No aquí?

—Sí aquí.

—¡No, no Jack! —sus brazos la rodeaban a ella ahora—. No puede ser aquí. ¿Me puedes llevar a otra parte?

Una batalla pasó por un momento en el rostro de McMurdo; pero terminó poniéndose como granito.

—No, aquí —dijo—. ¡Te protegeré de todo el mundo, Ettie, aquí donde estamos!

—¿Por qué no podemos huir juntos?

—No, Ettie, no me puedo ir de aquí.

—¿Pero por qué?

—Nunca erguiría mi cabeza de nuevo si sintiera que estoy completamente vencido. Además, ¿de qué hay que asustarse? ¿No somos personas libres en un país libre? Si me amas, y yo a ti, ¿quién se atreverá a interponerse?

—Tú no sabes, Jack. Has estado aquí muy poco tiempo. No conoces a este Baldwin. No conoces a McGinty y sus Scowrers.

—¡No, no los conozco, y no les temo, y ni siquiera creo en ellos! —pregonó McMurdo—. He vivido entre hombres rudos, mi querida, y en vez de temerlos siempre terminaban temiéndome a mí, siempre, Ettie. ¡Es absurdo si lo ves atentamente! Si estos tipos, como tu padre afirma, han cometido crimen tras crimen en este valle, y si todos los reconocen por sus nombres, ¿cómo entonces ninguno ha sido llevado a la justicia? ¡Respóndeme eso, Ettie!

—Porque ningún testigo se atreve a exhibirse en su contra. No vivirían un mes si lo hicieran. También porque tienen sus propios hombres para jurar que el acusador estaba lejos de la escena del crimen. Pero seguramente, Jack, tú debes haber leído todo esto. Tenía entendido que todo periódico en los Estados Unidos estaba escribiendo sobre eso.

—Bueno, he leído algo, es verdad; pero supuse que serían cuentos. Posiblemente estos sujetos tienen alguna razón para lo que hacen. Tal vez no tienen razón y no tienen otra forma de ayudarse a sí mismos.

—¡Oh, Jack, no me dejes escuchar que hables así! Así es como habla, el otro.

—Baldwin, el habla así, ¿no es así?

—Y ése es el motivo porque lo detesto. Oh, Jack, ahora puedo contarte la verdad. Lo odio con todo mi corazón; pero le temo también. Temo por mí misma; pero sobre todo le temo por mi padre. Sé que una gran pena vendrá sobre nosotros si me atrevo a decirle lo que realmente siento. Ésa es la causa por la que le aplazo con medias promesas. Ésta es en real verdad nuestra única esperanza. Pero si huyeras conmigo, Jack, podríamos llevar a mi padre con nosotros y vivir por siempre lejos del poder de estos malvados tipos.

Nuevamente hubo un dilema en el rostro de McMurdo, y otra vez se puso como granito.

—Ninguna amenaza vendrá hasta ti, Ettie, ni tampoco a tu padre. Y en cuanto a los malvados tipos, espero que veas que yo soy tan malo como el peor de ellos antes que nos escapemos.

—¡No, no, Jack! Yo confiaré en ti en cualquier parte.

McMurdo se rió amargamente.

—¡Por Dios! ¡Cuán poco sabes de mí! Tu inocente alma, cariño, ni siquiera puede imaginar lo que está pasando por la mía. Pero, hola, ¿quién es el visitante?

La puerta se abrió repentinamente, y un joven muchacho entró presumiendo con el aire de alguien que es el dueño. Era un guapo, decidido joven hombre de más o menos la misma edad y contextura que McMurdo. Bajo su sombrero negro de fieltro con bordes anchos, que no se había tomado la molestia de quitarse, una atractiva faz con fieros y dominantes ojos y una curvada nariz de gavilán miró salvajemente al par que estaba sentado junto a la estufa.

Ettie había saltado llena de confusión y alarma.

—Estoy contenta de verlo, Mr. Baldwin —inició—. Llegó más temprano de lo que pensé. Venga y siéntese.

Baldwin permaneció con sus manos en sus caderas viendo a McMurdo.

—¿Quién es éste? —preguntó despectivamente.

—Es un amigo mío, Mr. Baldwin, un nuevo pensionista aquí. ¿Mr. McMurdo, me permite presentarle a Mr. Baldwin?

Los jóvenes inclinaron sus cabezas de forma arisca contra cada uno.

—¿Tal vez miss Ettie ya le ha dicho cómo van las cosas entre nosotros? —alegó Baldwin.

—No podía entender que hubiera una relación entre ustedes.

—¿No puede? Bueno, ya lo puede entender ahora. Puede tomar mi palabra de que esta señorita es mía, y usted encontraría una buena tarde para salir a caminar.

—Gracias, no estoy de humor para un paseo.

—¿No lo está? —los salvajes ojos del hombre llameaban de furia—. ¡Tal vez está en humor para una pelea, señor inquilino!

—¡Sí que lo estoy! —gritó McMurdo, incorporándose en sus pies—. Nunca dijo una palabra mejor bienvenida.

—¡Por el amor de Dios, Jack! ¡Oh, por el amor de Dios! —clamó la pobre y aturdida Ettie—. ¡Oh, Jack, Jack, te lastimará!

—¿Oh, ahora es Jack, no? —exclamó Baldwin con un juramento Ya han llegado a esto, ¿no?

—¡Oh, Ted, sé razonable, sé amable! ¡Por mi amor, Ted, si alguna vez me has amado, sé generoso y clemente!

—Pienso, Ettie, que si nos dejaras solos podríamos arreglar este asunto —mencionó calmadamente McMurdo—. O tal vez, Mr. Baldwin, pudiera dar una vuelta por la calle conmigo. Es una apacible tarde, y hay un terreno abierto más allá de la siguiente cuadra.

—Terminaría con usted sin siquiera ensuciarme las manos —afirmó su enemigo—. Deseará no haber puesto un pie en esta casa antes que lo haya acabado.

—No hay mejor tiempo que el presente —increpó McMurdo.

—Yo escogeré mi momento, señor. Puede dejarlo a mí. ¡Vea! —súbitamente subió su manga y mostró en su antebrazo un peculiar signo que parecía haber sido marcado allí. Era un círculo con un triángulo dentro—. ¿Sabe lo que significa?

—No lo sé ni me interesa.

—Bien, lo sabrá, se lo prometo. No será más viejo, también. Tal vez miss Ettie le puede explicar algo sobre eso. Y en cuanto a ti, Ettie, regresarás a mí de rodillas, ¿me oyes, niña?, de rodillas, y entonces te mostraré cuál será tu castigo. ¡Has sembrado, y por el Señor, veré que coseches!

Los miró a ambos con ira. Luego volvió sus talones, y un instante después la puerta exterior se había cerrado con un golpe violento detrás de él.

Por unos momentos McMurdo y la chica se quedaron en silencio. Luego ella tiró sus brazos alrededor de él.

—¡Oh, Jack, qué valiente fuiste! ¡Pero no tiene caso, debemos huir! ¡Esta noche, Jack, esta noche! Es nuestra única esperanza. Él tendrá tu vida. Lo leí en sus horribles ojos. ¿Qué oportunidad tienes contra una docena de ellos, con el jefe McGinty y todo el poder de la logia detrás de ellos?

McMurdo se libró de sus manos, la besó, y amablemente la volvió a poner en una silla.

—¡Aquí, acushla, aquí! No te turbes o temas por mí. Soy un Freeman también. Ya le dije a tu padre eso. Tal vez no soy mejor que los demás; así que no me hagas un santo. ¿Posiblemente me odies también, ahora que te he dicho lo suficiente?

—¿Odiarte, Jack? ¡Mientras dure mi vida no podría nunca hacerlo! He oído que no es ningún mal ser un Freeman en cualquier lado excepto aquí; ¿entonces por qué debería pensar lo peor de ti por eso? Pero si eres un Freeman, Jack, por qué no vas y te haces amigo del jefe McGinty. ¡Oh, apúrate, Jack, apúrate! Da tu palabra primero, o los sabuesos estarán bajo tu pista.

—Estaba pensando lo mismo —respondió McMurdo—. Iré inmediatamente y lo arreglaré todo. Puedes decirle a tu padre que dormiré aquí esta noche y que encontraré otras habitaciones en la mañana.

La taberna de McGinty estaba abarrotada como era lo usual; pues era el lugar favorito para holgazanear para todos los rudos elementos del pueblo. El hombre era popular; porque tenía una tosca y jovial disposición que formaba una máscara, cubriendo una buena porción que yacía tras de ella. Pero aparte de esta popularidad, el miedo que inspiraba por todo el municipio, y de hecho en treinta millas de valle y pasando las montañas a cada lado de él, era suficiente para llenar su cantina; pues nadie podía exponerse a desatender su buena voluntad.

Más allá de esos ocultos poderes que universalmente se creía que adiestraba en formas tan lastimosas, era un oficial público de alto grado, un concejal municipal, y un comisario de carreteras, electo al oficio por los votos de los rufianes que a cambio esperaban recibir favores de sus manos. Las imposiciones de contribuciones y tasas eran enormes; los trabajos públicos eran notoriamente descuidados, las cuentas estaban ignoradas a favor de contadores sobornados, y el ciudadano decente estaba aterrorizado en pagar chantajes públicos, y en frenar su lengua por miedo a que algo peor le fuera a sobrevenir.

De esta manera era, año por año, los prendedores de diamante de McGinty se volvían más vistosos, sus cadenas doradas más ponderosas a través de un más primoroso chaleco, y su taberna se extendía más lejos y más lejos, hasta que amenazó con apropiarse de un lado completo del Market Square.

McMurdo empujó la puerta giratoria del bar e hizo su camino en medio de la multitud que estaba dentro, en una atmósfera empañada con humo de tabaco y pesada con el olor de espíritus. El lugar estaba encendido muy brillantemente, y los enormes y excesivamente dorados espejos en cada pared reflejaban y multiplicaban la ostentosa iluminación. Habían varios cantineros en sus camisas de manga, ocupados en su trabajo de mezclar bebidas para los holgazanes que flecaban el ancho mostrador ataviado con bronce.

Al final, con su cuerpo reposando en una barra y el cigarro hincado en un ángulo agudo en la esquina de su boca, permanecía un alto, fuerte, hondamente desarrollado hombre que no podía ser otro sino el mismo McGinty. Era un gigante de melena negra, con barba hasta los pómulos, y con una greña de pelo negro lustroso que caía sobre su cuello. Su tez era tan trigueña como la de un italiano, y sus ojos eran de un raro azabache muerto, que, combinado con su ligero estrabismo, le proporcionaban una apariencia particularmente siniestra.

Todo lo demás en este hombre, sus nobles proporciones, sus finos rasgos, y sus francas maneras, encajaban con esos joviales, sinceros modales que tenía. Aquí, uno diría, hay un fanfarrón y honesto tipo, cuyo corazón sería sano, sin embargo sus palabras groseras parecerían rudas. Solamente ocurría cuando esos inactivos, oscuros ojos, profundos y crueles, se volvían hacia un hombre que haya mermado, sintiendo que estaba cara a cara con una infinita posibilidad de latente maldad, con una fuerza y coraje y sagacidad tras él que lo hacía mil veces más fatal.

Teniendo una buena visión de este hombre, McMurdo abrió su camino a codazos con su habitual audacia negligente, y entró a un pequeño grupo de cortesanos que adulaban al poderoso líder, riéndose escandalosamente con la más pequeña de sus bromas. Los resueltos ojos grises del joven desconocido miraban sin miedo a través de sus lentes a los peligrosos ojos negros que se voltearon ásperamente sobre él.

—Bien, joven hombre, no puedo recordar su cara en mi memoria.

—Soy nuevo aquí, Mr. McGinty.

—Nunca se es tan nuevo como para no darle su oportuno título a un caballero.

—Él es el Concejal McGinty, joven —pronunció una voz del grupo.

—Discúlpeme, Concejal. Desconozco las costumbres de este lugar. Pero fui aconsejado para verlo.

—Bien, me está viendo. Esto es todo lo que queda. ¿Qué piensa de mí?

—Bueno, todavía es demasiado temprano para eso. Pero si su corazón es tan grande como su cuerpo, y su alma tan correcta como su rostro, entonces no pediría nada mejor —dijo McMurdo.

—¡Por Dios! Tiene una lengua irlandesa en su cabeza de cualquier manera —exaltó el tabernero, no muy seguro si para bromear al audaz visitante o para exceder su dignidad.

—¿Así que es usted suficientemente bueno para aprobar mi semblante?

—Seguro.

—¿Y le fue dicho que me viera?

—En efecto.

—¿Y quién se lo dijo?

—El Hermano Scanlan de la Logia 341, Vermissa. Bebo a su salud, Concejal, y por nuestra mejor amistad —elevó un vaso que se había servido en sus labios y elevó su dedo meñique mientras tomaba.

McGinty que lo estaba observando de cerca, frunció sus pobladas cejas negras.

—Oh, ¿con que así es, no? —opinó—. Deberé ver más atentamente esto, Mr...

—McMurdo.

—Más atentamente, Mr. McMurdo; porque no confiamos en los muchachos en estas partes; ni creemos todo lo que nos dicen tampoco. Venga aquí un momento, detrás de la barrera.

Había un pequeño salón ahí, alineado con barriles. McGinty solícitamente cerró la puerta, y luego se sentó en uno de ellos, mordiendo pensativamente su cigarro y examinando a su compañía con aquellos ojos inquietos. Por un par de minutos se mantuvo en completo silencio. McMurdo resistió la inspección animosamente, con una mano en su bolsillo del abrigo, y la otra arqueando su pardo bigote. Inesperadamente McGinty se encorvó y sacó un revólver que parecía ser uno malvado.

—Mire, aquí bromista —exclamó—, si pensara que está jugando con nosotros sería un tiempo muy breve el que le siga.

—Es una insólita bienvenida —McMurdo replicó con algo de dignidad— para el jefe del cuerpo de una logia de Freemen hacia un hermano extraño.

—¡Sí, pero es eso mismo lo que tiene que probar —prorrumpió McGinty— y que Dios le ayude si se equivoca! ¿Dónde fue convertido?

—Logia 29, Chicago.

—¿Cuándo?

—El 24 de junio de 1872.

—¿Quién es el jefe del cuerpo?

—James H. Scott.

—¿Quién era su gobernador distrital?

—Bartholomew Wilson.

—¡Hum! Parece suficientemente suelto en sus respuestas. ¿Qué está haciendo aquí?

—Trabajando, lo mismo que usted, pero un oficio más pobre.

—Tuvo su respuesta bien rápida.

—Sí, siempre fui rápido al hablar.

—¿Es rápido de acción?

—He tenido ese nombre entre quienes me conocían mejor.

—Bien, lo probaremos más pronto de lo que se imagine. ¿Ha oído algo de la logia por estos lares?

—He oído que se necesita ser un hombre para ser un hermano.

—Realmente para usted, McMurdo. ¿Por qué abandonó Chicago?

—¡Estaré condenado si le digo eso!

McGinty abrió sus ojos. No estaba acostumbrado a ser respondido de esa forma, y le divirtió.

—¿Por qué no me lo va a decir?

—Porque ningún hermano debe decirle a otro una mentira.

—¿Entonces la verdad es demasiado mala para decirla?

—Lo puede poner de esa forma si gusta.

—Vea, señor, no puede esperar que yo, como jefe del cuerpo, vaya a pasar a la logia a alguien que no puede responder por su pasado.

McMurdo se vio turbado. Después tomó un recorte de periódico gastado de su bolsillo interior.

—¿Nunca delataría a un compañero? —declaró.

—¡Traspasaré mi mano por su cara si me dice tales palabras! —chilló McGinty violentamente.

—Tiene razón, Concejal —pronunció McMurdo dócilmente—. Debo pedir disculpas. Hablé sin pensarlo. Bien, sé que estoy seguro en sus manos. Mire este recorte.

McGinty colocó sus ojos sobre la reseña de un disparo a un tal Jonas Pinto, en Lake Saloon, Market Street, Chicago, en la semana de año nuevo de 1874.

—¿Su trabajo? —formuló mientras devolvía el periódico.

McMurdo asintió.

—¿Por qué le disparó?

—Estaba ayudándole al Tío Sam a hacer dólares. Tal vez el mío no era tan fino oro como el suyo, pero se veían bien y eran más baratos para hacer. Este hombre Pinto me ayudó a impulsar los falsos...

—¿Hacer qué?

—Bueno, significa sacar dólares para su circulación. Después dijo que lo revelaría. Tal vez lo hizo. No esperé a verlo. Solamente lo maté y puse pies en polvorosa para los campos de carbón.

—¿Por qué los campos de carbón?

—Porque había leído en los periódicos que no eran muy minuciosos en esas partes.

McGinty se rió.

—Fue primero un acuñador y luego un asesino, y vino a estas zonas porque pensó que sería bienvenido.

—Algo así —contestó McMurdo.

—Bueno, creo que llegará muy lejos. Dígame, ¿puede hacer esos dólares aún?

McMurdo sacó media docena de su bolsillo.

—Éstos nunca pasaron la casa de moneda de Filadelfia —indicó.

—¡No me diga! —McGinty los sostuvo contra la luz con su enorme mano, que era tan peluda como la de un gorila—. No puedo ver ninguna diferencia. ¡Dios! ¡Será un hermano eficazmente útil, estoy pensándolo! Podemos hacerlo con un bandido o dos entre nosotros, amigo McMurdo: pues hay tiempo en los que debemos tomar nuestro propio partido. Estaríamos pronto contra la pared si no hacemos volver sobre sus pasos a aquellos que nos estaban empujando.

—Bien, me imagino que haré mi parte en empujar con el resto de los chicos.

—Parece tener un buen ánimo. No se retorció cuando le apunté con esta arma.

—No era yo quien estaba en peligro.

—¿Quién entonces?

—Era usted, Concejal —McMurdo extrajo una pistola percutida de su bolsillo lateral de su chaquetón de marinero—. Lo he estado cubriendo todo este tiempo. Creo que mi disparo hubiera sido tan rápido como el suyo.

—¡Por Dios! —McGinty se avergonzó en un rojo furioso y luego estalló en un bramido de risa—. Dígame, no hemos tenido ningún terror más grande que venga a nosotros este año. Reconozco que la logia estará muy orgullosa de usted... Bien, ¿qué diablos quieres? ¿Y no puedo hablar solo con un caballero por cinco minutos sino que debes entrometerte entre nosotros?

El cantinero permaneció avergonzado.

—Discúlpeme, Concejal, pero es Ted Baldwin. Dice que debe verlo este mismo momento.

El mensaje fue innecesario; pues la sólida y cruel cara del hombre por sí mismo estaba mirando por encima del hombro del empleado. Empujo al tabernero y le cerró la puerta.

—Así que —dijo hundiendo su furiosa vista en McMurdo—, se vino aquí primero, ¿no es así? Tengo una palabra que referirle, Concejal, sobre este hombre.

—Entonces exprésela aquí y frente a mí —exclamó McMurdo.

—La diré en mi propio tiempo, a mi propio estilo.

—¡Basta! ¡Basta! —berreó McGinty, elevándose de su barril—. Esto nunca funcionará. Tenemos un nuevo hermano aquí, Baldwin, y no nos corresponde saludarlo de esa forma. ¡Saque su mano, hombre, y levántela!

—¡Nunca! —gritó Baldwin en cólera.

—Le he invitado pelear con él si cree que le he afectado —señaló McMurdo—. Lucharé con mis puños, o, si eso no lo satisface, lucharé de la manera que el escoja. Ahora, se lo dejo a usted, Concejal, juzgar entre nosotros como un jefe del cuerpo debe hacer.

—¿Qué ocurre, entonces?

—Una joven señorita. Es libre de elegir por sí misma.

—¿Lo es? —gritó Baldwin.

—Como es entre dos hermanos de la logia debería decir que lo es —dictó el jefe.

—Oh, ése es su veredicto, ¿no es así?

—Sí, sí lo es, Ted Baldwin —explicó McGinty, con un encaro maléfico—. ¿Será usted quien lo discuta?

—¿Contradirá a alguien que ha estado con usted estos cinco años a favor de un hombre que no vio nunca antes en su vida? ¡No será un jefe del cuerpo de por vida, Jack McGinty, y por Dios! Cuando toque elegir nuevamente...

El Concejal se impulsó hacia él como un tigre. Su mano encerró el cuello del otro, y lo arrojó hacia atrás entre los barriles. En su loco furor hubiera exprimido su vida si McMurdo no hubiera interferido.

—¡Cuidado, Concejal! ¡Por la gracia de Dios, con cuidado! —abucheó, mientras lo arrastró hacia atrás.

McGinty soltó su presa, y Baldwin, acobardado y sacudido, jadeando para respirar, y temblando en cada extremidad, como uno que ha visto el mismo borde de la muerte, se sentó sobre el barril del cual había sido arrojado.

—¡Ha estado pidiendo esto hace varios días, Ted Baldwin, ahora ya lo tuvo! —aulló McGinty, con su enorme pecho levantándose y cayendo—. Tal vez pensaste que si yo era rechazado por votación como jefe del cuerpo te encontrarías pronto en mis zapatos. Está en la logia decidir eso. Pero mientras sea el jefe no dejaré que ningún hombre levante su voz contra mí o mis disposiciones.

—No tengo nada contra usted —barboteó Baldwin, cogiendo su garganta.

—Bueno, entonces —gruñó el otro, recayendo en un momento en una jactanciosa jovialidad—, somos todos buenos amigos de nuevo y ahí concluye el asunto.

Agarró una botella de champagne del estante y giró el corcho.

—Vean ahora —continuó, a la par que llenaba tres grandes vasos—. Bebámonos la razón de la discordia de la logia. Después de eso, como saben, no puede haber mala sangre entre nosotros. Ahora, la mano izquierda en la manzana de mi garganta. Le digo, Ted Baldwin, ¿cuál es la ofensa, señor?

—Las nubes son pesadas —contestó Baldwin.

—Pero por siempre serán brillantes.

—¡Y esto lo juro!

Los hombres bebieron sus vasos, y la misma ceremonia fue realizada entre Baldwin y McMurdo.

—¡Aquí! —chilló McGinty, frotando sus manos—. Ése es el final de la sangre negra. ¡Estarán bajo la disciplina de la logia si va más allá, y es una mano pesada en estas partes, como el Hermano Baldwin conoce, y como lo encontrará muy pronto, Hermano McMurdo, si busca problemas!

—Tenga fe en que tardaré mucho en llegar a eso —declaró McMurdo. Mantuvo firme su mano con la de Baldwin—. Soy rápido para reñir y rápido para perdonar. Es mi caliente sangre irlandesa, me dicen. Pero está todo terminado para mí, y no llevo ningún rencor.

Baldwin tuvo que tomar la mano ofrecida; porque el ojo funesto del terrible jefe estaba sobre él. Pero el rostro arisco mostraba cuán poco las palabras del otro lo habían hecho cambiar de opinión.

McGinty los palmoteó a ambos en los hombros.

—¡Cielos! ¡Estas chicas! ¡Estas chicas! —bramó—. ¡Pensar que las mismas chiquillas se interpondrían entre dos de mis muchachos! ¡Es la misma suerte del diablo! ¡Bien, es la niña dentro de ellas la que debe arreglar la cuestión; pues está fuera de la jurisdicción de un jefe del cuerpo, y el Señor debe ser ensalzado por eso! Tenemos suficiente con nosotros, sin las mujeres. Será afiliado a la Logia 341, Hermano McMurdo. Tenemos nuestros propios modos y métodos, diferentes de los de Chicago. El sábado por la noche es nuestra reunión, y si viene entonces, le haremos vacante para siempre de Vermissa Valley.

Capítulo III
LOGIA 341, VERMISSA

En el día siguiente a la tarde que contuvo tantos excitantes eventos, McMurdo movió sus pertenencias de la casa del viejo Jacob Shafter y tomó sus cuartos en la de la viuda MacNamara en los límites de las afueras de la villa. Scanlan, su conocido original a bordo del tren, tuvo ocasión poco tiempo después de trasladarse a Vermissa, y los dos se hospedaron juntos. No había otro inquilino, y la anfitriona era una calmada anciana irlandesa que los dejaba a ellos; por lo que tenían la libertad de hablar y proceder bienvenida para hombres que tienen secretos en común.

Shafter había cedido hasta el punto de dejar a McMurdo ir a sus comidas cuando gustase; así que su comunicación con Ettie no se rompió de ninguna manera. Por el contrario, se hizo más cercano y más íntimo al pasar de las semanas.

En su dormitorio en su nuevo hospedaje McMurdo se sintió seguro para sacar sus moldes de acuñación, y bajo varias juramentos de secreto un número de hermanos de la logia fueron admitidos para entrar y verlos, cada uno llevándose en sus bolsillos algunos de los ejemplares del dinero falso, tan astutamente fabricado que nunca había la más pequeña dificultad o peligro en hacerlo pasar. Por qué, con este maravilloso arte en sus manos, McMurdo accedía a trabajar después de todo era un eterno misterio para sus compañeros; aunque hizo claro a cualquiera que le preguntó que si vivía sin ninguna posible maldad, rápidamente traería a la policía bajo su pista.

Un policía estaba de hecho tras él ya; pero el incidente, con la suerte que tenía, le dio al aventurero mucho más bien que daño. Luego de la primera introducción hubieron pocas tardes en las que no abría su camino hasta la taberna de McGinty, para hacerse mejores camaradas con "los muchachos", que era el título jovial con el que la peligrosa banda que infestaba el lugar se conocía el uno con el otro. Su manera precipitada y forma de hablar sin miedo lo hizo el predilecto de todos; mientras el rápido y científico camino con el que barrió con su antagonista en una reyerta en el cuarto del bar con todos presentes le ganó el respeto de esa ruda comunidad. Otro incidente, no obstante, lo enalteció aún más en su estimación.

Justo a la hora más populosa una noche, la puerta se abrió y un hombre ingresó con el uniforme azul tenue y sombrero puntiagudo de la policía de las minas. Éste era un cuerpo especial sostenido por los propietarios de ferrocarriles y minas de carbón para suplementar los esfuerzos de la ordinaria policía civil, que era perfectamente inútil contra los organizados rufianes que aterrorizaban el distrito. Hubo un apaciguamiento cuando entró, y muchas miradas fueron clavadas en él; pero las relaciones entre los policías y los criminales son peculiares en algunas partes de los Estados Unidos, y el propio McGinty, parado detrás de su mostrador, no mostró sorpresa alguna cuando el policía se enroló entre sus clientes.

—Un whisky directo; pues la noche es amarga —solicitó el oficial de policía—. ¿No me parece que nos hayamos visto antes, Concejal?

—¿Usted será el nuevo capitán? —gruñó McGinty.

—Así es. Lo andábamos buscando, Concejal, y a los demás ciudadanos importantes, para ayudarnos en defender la ley y el orden en este municipio. Capitán Marvin es mi nombre.

—Estaríamos mejor sin usted, capitán Marvin —alegó McGinty fríamente—; porque tenemos nuestra propia policía del municipio, y no necesitamos beneficios importados. ¿Qué son ustedes sino el instrumento pagado de los capitalistas, contratados por ellos para aporrear o disparar a sus pobres amigos ciudadanos?

—Bien, bien, no discutiremos sobre ello —dijo el oficial de policía de buen humor—. Espero que todos hagamos nuestra labor de la misma forma como la vemos; aunque nunca la podamos ver igual —había bebido su vaso y se disponía a irse, cuando sus ojos cayeron sobre el rostro de Jack McMurdo, quien estaba frunciendo su ceño a la altura del codo—. ¡Hola! ¡Hola! —exclamó, viéndolo arriba y abajo—. ¡Aquí hay un viejo conocido!

McMurdo se retiró un poco de él.

—Nunca he sido su amigo ni de ningún otro maldito policía en mi vida —exclamó.

—Un conocido no es siempre un amigo —afirmó el policía, sonriendo—. ¡Es usted Jack McMurdo de Chicago, sí, y no lo niegue!

McMurdo se encogió de hombros.

—No lo estoy negando —respondió—. ¿Cree que estoy avergonzado de mi propio nombre?

—Tiene una buena causa para estarlo, de todas maneras.

—¿Qué demonios quiere decir con eso? —rugió con sus puños cerrados.

—No, no, Jack, su petulancia no funcionará conmigo. Fui un oficial en Chicago antes de venir a esta repugnante carbonera, y reconozco a los bandidos de Chicago cuando los veo.

La cara de McMurdo se cayó.

—¡No me diga que es usted Marvin de la Central de Chicago! —gimió.

—El mismo viejo Teddy Marvin, a su servicio. No hemos olvidado el tiro dado a Jonas Pinto allá.

—Nunca le disparé.

—¿No lo hizo? Ésa es una buena declaración imparcial, ¿no es así? Bueno, su muerte vino de manera inusualmente ventajosa para usted, o lo hubiera cojido por los falsos. Bien, eso lo podemos dar por olvidado; pues, entre usted y yo, y tal vez estoy yendo más lejos de lo que mi trabajo me permite al decirlo, no pudimos armar una acusación completa contra usted y Chicago está abierta a usted mañana.

—Estoy muy bien donde estoy.

—Bueno, yo le di la premisa, y es usted un molesto perro al no agradecerme por ello.

—Bien, supongo, que usted no tiene nada contra mí, y le doy las gracias —manifestó McMurdo en manera no muy amable.

—Estaré callado sobre ello mientras siga viviendo en el sendero correcto —expresó el capitán—. ¡Pero, por el Señor! ¡Si se descarrila después de esto, es otra historia! Así pues, buenas noches a ustedes y buenas noches, Concejal.

Dejó el salón del bar; pero no antes de ser creado un héroe local. Las actividades de McMurdo en la lejana Chicago habían sido rumoreadas anteriormente. Había eludido las preguntas con una sonrisa, como alguien que no desea tener un gran hincapié en eso. Pero ahora el hecho estaba oficialmente confirmado. Los haraganes de la cantina se amontonaron a alrededor y le dieron la mano de buena gana. Era vacante de la comunidad de ahí en adelante. Podía beber bastante y mostrar pocos rasgos de ello; pero esa tarde, al no tener a su amigo Scanlan para guiarlo a casa, el festejado héroe seguramente pasaría la noche.

En la noche del sábado McMurdo fue introducido a la logia. Había pensado entrar sin ceremonia al ser un iniciado de Chicago; pero había particulares ritos en Vermissa de los cuales estaban orgullosos, y estos tenían que ser aguantados por todos los aspirantes. La asamblea se reunió en una gran habitación reservada para tales propósitos en la Union House. Unos sesenta miembros congregados en Vermissa; pero eso de ningún modo constituía el poder completo de la organización, pues había varias otras logias en el valle, y otras más allá de las montañas a cada lado, que intercambiaban miembros cuando algún serio negocio estaba en pie, para que así un crimen pueda ser cometido por extraños en la localidad. Con todos juntos no había menos de quinientos esparcidos por el distrito del carbón.

En el desnudo cuarto de la asamblea los hombres estaban concentrados alrededor de una larga mesa. Al lado había una segunda cargada con botellas y vasos, en los que algunos miembros de la compañía ya habían puesto sus ojos. McGinty se sentó a la cabeza con un gorro negro llano de terciopelo sobre su mata de pelo negro enredado, y una estola morada en torno a su cuello; por lo que parecía ser un sacerdote presidiendo un ritual diabólico. A su derecha e izquierda estaban los altos oficiales de la logia, con la cruel y atractiva faz de Ted Baldwin entre ellos. Cada uno de ellos vestía una bufanda o medallón como emblema de su puesto.

Eran, en su mayoría, hombres de edad madura; pero el resto de la compañía consistía en jóvenes muchachos de dieciocho a veinticinco, los aptos y capaces agentes que ejecutaban las órdenes de sus mayores. Entre los hombres mayores había varios cuyos rasgos mostraban las feroces almas sin ley que llevaban dentro; pero mirando al rango y fila era difícil pensar que estos ansiosos y francos chiquillos eran en realidad una temible banda de asesinos, cuyas mentes habían sufrido una tan completa perversión moral que tomaban un horrible orgullo en su eficiencia en el trabajo, y veían con el más grande respeto al hombre que tenía la reputación de hacer lo que ellos llamaban "una tarea limpia".

En sus retorcidas naturalezas se había convertido una cosa animada y caballerosa hacer un "servicio" contra un hombre que nunca les había dañado y que en muchos casos nunca habían visto en sus vidas. Una vez hecho el crimen, se peleaban por decidir quién había dado el tiro final, y se divertían entre ellos y a la compañía describiendo los gritos y contorsiones del hombre asesinado.

Al principio habían mostrado algo de secreto en sus disposiciones; pero en el tiempo en que esta narración las describe sus procedimientos eran extraordinariamente abiertos, pues los repetidos fracasos de la ley les habían comprobado que, por una parte, nadie se atrevería a testificar contra ellos, y por la otra tenían un ilimitado número de testigos adictos los cuales podían llamar, y un bien repleto cofre del tesoro del que podían sacar los fondos para contratar el mejor talento legal del estado. En diez largos años de atropellos no había habido ni una prueba de culpabilidad, y el único peligro que amenazaba a los Scowrers yacía en la misma víctima, que aunque sobrepasada en número y tomada por sorpresa, podía, y ocasionalmente lo hacía, dejar su marca en sus asaltantes.

McMurdo había sido advertido que una prueba le esperaba; pero nadie le decía en qué consistía. Había sido llevado al cuarto exterior por dos solemnes hermanos. Por la división de la tabla podía oír el murmullo de varias voces de dentro de la asamblea. Una o dos veces logró a escuchar el sonido de su propio nombre, y sabía que estaban discutiendo su candidatura. Entonces entró un guardia de adentro con una verde y dorada banda a través de su pecho.

—El jefe del cuerpo ordena que debe ser reforzado, enceguecido e introducido —pronunció.

Tres de ellos le removieron su abrigo, levantaron la manga de su brazo derecho, y finalmente pasaron una cuerda encima de sus codos y la apretaron. Luego colocaron una tupida montera negra justo sobre su cabeza y la parte superior de su rostro, para que no pueda ver nada. Después fue conducido a la sala de la asamblea.

Era todo de un negro alquitrán y muy sofocante bajo esa capucha. Escuchaba el crujido y susurro de la gente junto a él, y luego la voz de McGinty sonó extinguida y distante en sus orejas cubiertas.

—John McMurdo —clamó la voz— ¿es usted un miembro ya de la Ancient Order of Freemen?

Hizo una inclinación en aprobación.

—¿Es su logia la No. 29, en Chicago?

Se inclinó nuevamente.

—Las noches oscuras son desagradables —bramó la voz.

—Sí, para que viajen los extraños —contestó.

—Las nubes son pesadas.

—Sí, una tormenta se está avecinando.

—¿Está la hermandad satisfecha? —preguntó el jefe del cuerpo.

Hubo un murmullo general de aprobación.

—Sabemos, hermano, por su seña y contraseña que es verdaderamente de los nuestros —dijo McGinty—. Le haremos percatarse, sin embargo, que en este condado y en otros condados de estos lares poseemos ciertos ritos, y también ciertas tareas de nosotros que llaman a los buenos hombres. ¿Está listo para ser probado?

—Lo estoy.

—¿Es usted de corazón sólido?

—Lo soy.

—Dé un largo paso hacia delante para demostrarlo.

A la par que las palabras eran dichas sintió dos puntos duros en sus ojos, apretando sobre ellos de tal forma que parecía que no los podría mover adelante sin peligro de perderlos. Sin embargo, se armó de valor para salir resolutamente, y mientras lo hizo la presión se desvaneció. Hubo un bajo cuchicheo de aplausos.

—Es de corazón sólido —pronunció la voz—. ¿Puede soportar el dolor?

—Perfectamente como el anterior —replicó.

—¡Pruébenlo!

Todo lo que pudo hacer fue resistirse a gritar, pues un agonizante dolor invadió su antebrazo. Casi se desmayó por la repentina impresión de él; pero se mordió su labio y apretó las manos para esconder su penuria.

—Puedo resistir más que eso —expresó.

Esta vez hubo un fuerte aplauso. Nunca había sido hecha en la logia una mejor primera apariencia. Manos lo palmotearon en la espalda y la capucha fue arrancada de su cabeza. Permaneció parpadeando y sonriendo entre las felicitaciones de los hermanos.

—Una última palabra, Hermano McMurdo —manifestó McGinty—. Ya ha jurado el voto de secreto y fidelidad, y está al corriente de que el castigo por cualquier violación es la instantánea e inevitable muerte.

—Lo sé —profirió McMurdo.

—¿Y acepta el mandato del jefe de cuerpo de ahora bajo todas las circunstancias?

—Lo acepto.

—Entonces en el nombre de la Logia 341, Vermissa, le doy la bienvenida a sus privilegios y debates. Ponga el licor en la mesa, Hermano Scanlan, y brindaremos por nuestro digno hermano.

El abrigo de McMurdo le había sido devuelto; pero antes de colocarselo revisó su brazo derecho, que aún dolía fuertemente. Ahí en la carne del antebrazo había un círculo con un triángulo dentro de él, profundo y rojo, como el hierro que lo marcó lo había dejado. Uno o dos de sus vecinos se arremangaron y mostraron sus propias señales de la logia.

—Todos la hemos llevado —exclamó uno—, pero no tan valientemente como lo sobrellevó usted.

—¡Tonterías! No fue nada —prorrumpió; pero quemaba y dolía aún.

Cuando las bebidas que siguieron a la ceremonia de iniciación ya habían sido terminadas, procedieron al negocio de la logia. McMurdo, acostumbrado sólo a las triviales acciones de Chicago, escuchó con oídos atentos y más sorpresa que la que se atrevía a mostrar a lo que se dijo a continuación.

—El primer negocio de la agenda —aseveró McGinty—, es leer la siguiente carta del maestro de división Windle del condado de Merton, Logia 249. Dice:

"Estimado señor:

Hay un trabajo para ser hecho con Andrew Rae de Rae & Sturmash, propietarios de carbón cerca de este lugar. Usted recordará que su logia nos debe algo en correspondencia, dado el servicio de dos de nuestros hermanos en el asunto de las patrullas del otoño pasado. Enviará dos buenos hombres, estarán a cargo del tesorero Higgins de esta logia, cuya dirección conoce. Él les dirá cuándo proceder y dónde.

Suyo en libertad,

J. W. WINDLE, D. M. A. O. F"

—Windle nunca se ha rehusado a nosotros cuando hemos tenido la ocasión de solicitar por la prestación de un hombre o dos, y nosotros no debemos rechazarle —McGinty se detuvo y vio alrededor de la habitación con sus opacos y malevolentes ojos—. ¿Quién será voluntario para este asunto?

Varios jóvenes levantaron sus manos. El jefe del cuerpo los observó con una sonrisa aprobatoria.

—Tú lo harás, Tigre Cormac. Si lo ejecutas tan bien como la última vez, no estarás mal. Y tú, Wilson.

—No tengo pistola —afirmó el voluntario, un simple chiquillo en sus años de adolescente.

—Es tu primera vez, ¿no es así? Bien, debes ser sangriento alguna vez. Será un gran comienzo para ti. En cuanto a la pistola, la encontrarás esperando por ti, o me equivoco. Si se reportan el lunes, habrá tiempo suficiente. Tendrán una gran bienvenida cuando regresen.

—¿Alguna recompensa esta vez? —preguntó Cormac, un joven grueso, de cara oscura y parecer brutal, cuya ferocidad le había merecido el título de "Tigre".

—No piensen en la recompensa. Solamente háganlo por el honor del acto. Tal vez cuando terminen haya unos pocos sobrantes dólares al fondo de la caja.

—¿Qué ha hecho ese hombre? —formuló Wilson.

—Indudablemente, no está en los gustos de uno que le pregunten qué ha hecho el hombre. Ya ha sido juzgado allá. No es nuestro problema. Todo lo que debemos hacer es llevarlo a cabo por ellos, de la misma manera que lo harían por nosotros. Hablando de eso, dos hermanos de la logia de Merton vendrán con nosotros la próxima semana a hacer algún negocio en esta comarca.

—¿Quiénes son? —interrogó alguien.

—Tengan fe, es más sabio no escudriñar. Si uno no sabe nada, no puede testificar nada, y ningún problema puede venir de eso. Pero son hombres que harán una limpia labor cuando estén en ello.

—¡Y tiempo, también! —gritó Ted Baldwin—. Los muchachos están volviéndose desertores por estos lares. Solamente la semana pasada tres de nuestros hombres fueron desviados por el capataz Blaker. Se lo hemos estado debiendo por un largo tiempo, y lo tendrá de lleno y apropiadamente.

—¿Tendrá qué? —McMurdo musitó a su vecino.

—¡El negocio termina con un cartucho de perdigones! —aclamó el hombre con una fuerte risa—. ¿Qué piensa de nuestros métodos, hermano?

El alma criminal de McMurdo parecía haber ya absorbido el espíritu de la vil asociación de la que era ahora miembro.

—Me gusta —refirió—. Es un lugar adecuado para un mozalbete con brío.

Varios de los que se sentaban a su alrededor oyeron sus palabras y las aplaudieron.

—¿Qué es esto? —abucheó el jefe del cuerpo de la negra melena desde el final de la mesa.

—Aquí nuestro nuevo hermano, señor, que encuentra nuestros métodos a su gusto.

McMurdo se incorporó en sus pies por un momento.

—Podría decir, ilustre jefe del cuerpo, que si un hombre pudiera ser solicitado tomaría como un honor el ser escogido para ayudar a la logia.

Hubo un gran aplauso con esto. Se sintió que un nuevo sol estaba empujando su imagen sobre el horizonte. Para algunos de los mayores les pareció que el progreso era demasiado rápido.

—Yo pienso —insinuó el secretario, Harraway, un viejo con cara de buitre y barba gris que se sentó junto al presidente de la junta—, que el Hermano McMurdo debería esperar hasta que sea la voluntad de la logia la que le dé un empleo.

—Por supuesto, eso era lo que quería decir; estoy en sus manos —dijo McMurdo.

—Su tiempo llegará, hermano —afirmó el presidente—. Lo hemos marcado como un hombre dispuesto, y creemos que hará un buen trabajo en estas partes. Hay un pequeño asunto esta noche en el que podría tomar mano si gusta.

—Esperaré por algo que valga la pena mientras.

—Puede venir esta noche, de todas formas, y le ayudará a entender lo que requerimos en esta comunidad. Haré el anuncio después. Mientras tanto —observó su agenda—, tengo uno o dos puntos que traer antes de la sesión. Primero, pediré a nuestro tesorero nuestro balance bancario. Está la pensión a la viuda de Jim Carnaway. Fue muerto haciendo la misión de la logia y está en nosotros ver que no salga ella perdiendo.

—Jim fue disparado el mes pasado cuando procuraron asesinar a Chester Wilcox de Marley Creek —le informó el vecino de McMurdo a él.

—Los fondos son buenos por el momento —anunció el tesorero, con el libro bancario frente a él. Las firmas han sido generosas últimamente. Max Linder & Co. pagó quinientos para ser dejado en paz. Los hermanos Walker enviaron un ciento; pero yo mismo los regresaré y pediré cinco. Si no los escucho hasta el miércoles, su máquina de extracción se podría estropear. Debimos quemar su quebrantadora el año pasado para que se volviesen más razonables. También la West Section Coaling Company ya saldó su contribución anual. Tenemos suficiente en las manos para hacer cualquier obligación.

—¿Qué hay acerca de Archie Swindon? —cuestionó un hermano.

—Ya ha vendido todo lo que tiene y abandonado el distrito. El viejo diablo dejó una nota para decir que preferiría ser un barrendero de carreteras en Nueva York que un propietario de una gran mina bajo el poder de un grupo de chantajistas. ¡Por Dios! Fue bueno que huyera antes de que la nota llegase a nosotros. Me imagino que no descubrirá su rostro por este valle de nuevo.

Un hombre mayor, bien afeitado con una afable fisonomía y unas grandes cejas se levantó desde el final de la mesa que estaba frente al presidente.

—¿Señor tesorero —interpeló— puedo preguntar quién compró las propiedades de este hombre que ha salido del distrito?

—Sí, Hermano Morris. Ha sido comprado por la State & Merton County Railroad Company.

—¿Y quién adquirió las minas de Todman y de Lee que entraron al mercado del mismo modo este año?

—La misma compañía, Hermano Morris.

—¿Y quién abonó por las fundiciones de hierro de Manson y de Shuman, y de Van Deher y de Atwood, que han sido cedidas últimamente.

—Fueron todas ganadas por la West Gilmerton General Mining Company.

—No veo, Hermano Morris —pronunció el presidente—, que nos interese quién las compró, pues no las pueden sacar del distrito.

—Con todo el respeto que se merece, eminente jefe del cuerpo, pienso que nos debería interesar mucho. Este proceso ha estado en actividad por diez largos años. Estamos progresivamente retirando a los pequeños hombres fuera del comercio. ¿Cuál es el resultado? Encontramos en sus lugares a grandes compañías como la Railroad o la General Iron, que tienen sus directores en Nueva York o Filadelfia, y no les importan nuestras amenazas. Los podemos obtener de sus jefes locales; pero eso sólo significa que otros serán enviados a sus puestos. Y lo hacemos peligroso para nosotros mismos. Los pequeños hombres no nos podían dañar. No tenían ni el dinero ni el poder para hacerlo. Mientras no los exprimiéramos demasiado, quedarían bajo nuestro dominio. Pero si esas grandes compañías se dan cuenta que estamos entre ellos y sus ganancias, no escatimarán esfuerzos en cazarnos y llevarnos a la corte.

Hubo un silencio ante estas palabras ominosas, y todos los semblantes oscurecidos tenebrosamente fueron cambiados. Tan omnipotentes e indesafiables habían sido que el pensamiento de una posible respuesta desde el fondo se había desvanecido de sus mentes. Y aún así la idea les dio un estremecimiento a los más desatendidos de ellos.

—Es mi recomendación —el hablante continuó— que actuemos con más cuidado con los hombres pequeños. El día que sean quitados de en medio el poder de esta sociedad se resquebrajará.

Verdades no bienvenidas no eran populares. Hubo gritos molestos a la par que el parlante regresaba a su sitio. McGinty se irguió con oscuridad en su frente.

—Hermano Morris —articuló—, usted siempre fue un refunfuñador. Mientras los miembros de esta logia permanezcan juntos no hay poder alguno en los Estados Unidos que los toque. Seguro, ¿no lo hemos probado tan seguidamente en las cortes? Yo especulo que las grandes compañías encontrarán más fácil pagar que luchar, lo mismo que las pequeñas compañías. Y ahora, hermanos —McGinty se sacó su gorro negro de terciopelo y su estola mientras discurseaba—, esta logia ha finalizado su negocio por esta tarde, salvo por un pequeño asunto que podrá ser aludido cuando ya partamos. El tiempo ha llegado para el refrigerio fraternal y la armonía.

Sorprendente verdaderamente es la naturaleza humana. Aquí estaban estos hombres, para los que el crimen era familiar, que una y otra vez habían acabado con el padre de una familia, algún hombre con el que no tenían sentimientos personales, sin ningún pensamiento de remordimiento o de compasión por su esposa que llora y sus niños que se quedan desamparados, y aún así lo tierno o conmovedor en la música los llevaba a las lágrimas. McMurdo tenía una fina voz de tenor, y si hubiera fallado en ganar la buena voluntad de la logia antes, no hubiera sido retenido por más tiempo después de haberlos emocionado con "I'm Sitting on the Stile, Mary" y "On the Banks of Allan Water".

En su primera noche el nuevo recluta se había hecho uno de los hermanos más populares, ya anunciado para un ascenso y un alto oficio. Había otras cualidades necesitadas, no obstante, más allá del buen compañerismo, para hacer a un valioso Freeman, y le fue ofrecido un ejemplo de éstas antes de concluir la tarde. La botella de whisky había dado vuelta muchas veces, y los hombres estaban abochornados y listos para hacer maldades cuando su jefe del cuerpo se levantó una vez más para dirigirles la palabra.

—Muchachos —declaró— hay un hombre en este pueblo que quiere ser hermoseado y está en ustedes el ver que lo haga. Estoy hablando de James Stanger del Herald. ¿Ya han visto cómo ha abierto su boca contra nosotros de nuevo?

Hubo un murmullo de asentimiento, con muchos que rezongaron juramentos. McGinty extrajo un pedazo de periódico de su bolsillo del chaleco.

"¡LEY Y ORDEN!"

Así fue como lo leyó.

"REINO DE TERROR EN EL DISTRITO DEL CARBÓN Y EL HIERRO

Doce años han ya pasado desde los primeros asesinatos que demostraron la existencia de una organización criminal en nuestro medio. Desde ese día las injusticias nunca han cesado, ahora han llegado al grado de inclinación que nos hace la ignominia del mundo civilizado. ¿Es para estos resultados que nuestro gran país recibe en su seno al extranjero que huye de los despotismos de Europa? ¿Es que deben convertirse a sí mismo en tiranos de los mismos hombres que les dan protección, y que un estado de terrorismo y omisión de la ley deba ser establecido bajo la misma sombra de los sacros pergaminos de la estrellada Bandera de la Libertad lo que atraería horror a nuestras mentes si leemos de ella como existente bajo la más infructuosa monarquía del Este? Los hombres son conocidos. La organización es patente y pública. ¿Cuánto tiempo la dejaremos seguir? ¿Podemos por siempre vivir..."

¡Seguro, ya he leído suficiente de esta basura! —prorrumpió el presidente, arrojando el papel sobre la mesa—.

Eso es lo que dice de nosotros. La interrogante es ¿qué deberíamos hacer con él?

—¡Matarlo! —aullaron una docena de indómitas voces.

—Protesto contra eso —desaprobó el Hermano Morris, el hombre de las grandes cejas y afeitada faz—. Les digo, hermanos, que nuestra mano es demasiado opresiva en este valle, y llegará a un punto donde en defensa propia todos los hombres se unirán para destruirnos. James Stanger es un anciano. Es respetado en el municipio y el distrito. Los periódicos se conservan como lo único sólido en el valle. Si ese hombre es aniquilado habrá una irritación a lo largo del estado que acabará con nuestra destrucción.

—¿Y cómo llevarán a cabo nuestro destrucción, señor retroceso? —gritó McGinty—. ¿Lo hará la policía? Seguro, la mitad de ellos están bajo nuestros pagos y la otra mitad nos teme. ¿O será por las cortes y el juez? ¿Ya no lo hemos probado antes, y cuál fue el resultado de ello?

—Hay un juez Lynch que podría hacerse cargo del caso —indicó el Hermano Morris.

Una protesta general de furia recibió a la sugestión.

—Sólo debería levantar mi dedo —gruñó McGinty— para poner a doscientos hombres en esta villa y la despacharían desde el comienzo hasta el final —sucesivamente alzó su voz y plegó sus cejas en un terrible fruncimiento—. ¡Mire, Hermano Morris, tengo mi ojo puesto en usted, y lo he hecho por un buen tiempo! No tiene corazón, y trata de sacar el corazón de otros. Será un nefasto día para usted, Hermano Morris, cuando su propio nombre aparezca en la agenda, y estoy pensando que es justo ahí donde debería ponerlo.

Morris se había puesto pálidamente lívido, y sus rodillas parecían abandonarle mientras se caía en su silla. Elevó su vaso en su trémula mano y bebió antes de responder.

—Pido disculpas, eminente jefe del cuerpo, a usted y a cada hermano de esta logia si expreso más de lo que debo. Soy un miembro fiel, todos lo saben, y es mi temor de que ningún mal venga sobre la logia lo que me hace expresarme en tan ávidas palabras. Pero tengo una mayor confianza en su juicio que en el mío, eminente jefe del cuerpo, y le prometo que no lo provocaré nuevamente.

El entrecejo del jefe del cuerpo se relajó al oír esas humildes oraciones.

—Muy bien, Hermano Morris. Sería yo el que se sentiría apenado si tuviéramos que darle una lección. Pero mientras presida la presidencia deberemos ser una logia unida en palabras y actos. Y ahora, muchachos —continuó mirando en torno a la compañía—, digo, que si Stanger sigue con sus méritos habrá más problemas de los que necesitamos. Estos editores permanecen unidos, y cada diario del estado estará llamando a la policía y a las tropas. Pero creo que le podemos dar una advertencia muy severa. ¿Se encargará de ella, Hermano Baldwin?

—Por supuesto —manifestó el joven impacientemente.

—¿Cuántos llevará?

—Media docena, y dos para guardar la puerta. Tú vendrás Gower, y tú, Mansel, y tú, Scanlan, y los dos Willaby.

—Le prometí al nuevo hermano que iría —alegó el presidente.

Ted Baldwin observó a McMurdo con ojos que decían que no había olvidado ni perdonado.

—Bien, puede venir si desea —reconoció en una ruda voz—. Eso es suficiente. Mientras más pronto nos pongamos a trabajar será mejor.

La compañía rompió filas con gritos y alaridos y arrebatos de canciones de borrachos. El bar aún estaba lleno de parrandistas y muchos hermanos se quedaron allí. La pequeña banda a la que se le había asignado un trabajo salió por la calle, caminando de dos y de tres por la vereda para no llamar la atención. Era una amarga noche fría, con una media luna brillando en un cielo escarchado y tachonado de estrellas. Los hombres se detuvieron y se reunieron en un patio que encaraba un alto edificio. Las palabras "Vermissa Herald" estaban impresas en letra dorada entre las iluminadas ventanas.

—Aquí, usted —indicó Baldwin a McMurdo— puede quedarse abajo en la puerta y verificar que el camino quede abierto para nosotros. Arthur Willaby puede estar con usted. Los demás vengan conmigo. No teman, muchachos; pues tenemos una docena de testigos que dirán que estamos en el Union Bar en este momento.

Era cerca de la medianoche, y la calle estaba desierta salvo por uno o dos juergueros que iban a sus casas. El grupo atravesó la pista, y, empujando la puerta de la oficina del periódico, Baldwin y sus hombres se apresuraron y subieron las escaleras que estaban ante ellos. McMurdo y el otro se quedaron abajo. Desde la habitación de arriba se escuchó un grito, una llamada de auxilio, y luego el sonido de pisoteos y de sillas derrumbadas. Un instante después un hombre canoso salió corriendo hacia tierra.

Fue sujetado antes de que vaya más lejos, y sus lentes cayeron tintineando a los pies de McMurdo. Hubo un baque y un quejido. Estaba de cara, y media docena de palos resonaban juntos mientras caían sobre él. Se retorcía, y sus largas y delgadas extremidades temblaban con los golpes. Los demás cesaron; pero Baldwin no, su cruel semblante mostró una sonrisa infernal mientras apaleaba la cabeza del hombre, que inútilmente se esforzaba en resguardar con sus brazos. Su blanco cabello estaba salpicado con manchas de sangre. Baldwin aún estaba inclinado sobre su víctima, dispuesto a descargar un corto y maligno palazo en donde pueda ver una zona expuesta, cuando McMurdo subió las escaleras y lo empujó hacia atrás.

—¡Matará al hombre! —dijo —¡Suéltelo!

Baldwin lo miró precipitado.

—¡Maldito sea! —gritó— ¿Quién es usted para detenerme, usted que es nuevo en la logia? ¡Recule! —elevó su palo; pero McMurdo había sacado su pistola de su bolsillo de la cadera.

—¡Quédese allí usted! —exclamó—. Le volaré la cabeza si pone una mano sobre mí. Y en cuanto a la logia, no fue la orden del jefe del cuerpo que el hombre no fuera muerto, ¿y qué está haciendo sino matarlo?

—Es verdad lo que dice —recalcó uno de ellos.

—¡Por Dios! ¡Mejor apúrense! —avisó el hombre de abajo—. ¡Las ventanas se están encendiendo, y tendrán aquí al pueblo entero en cinco minutos.

Había verdaderamente un sonido de gritos en la calle, y un pequeño grupo de compositores y periodistas se formaban en el pasadizo inferior y preparándose para la acción. Dejando el débil e inmóvil cuerpo del editor a la cabeza de las escaleras, los criminales bajaron e hicieron su camino rápidamente a través de la calle. Habiendo llegado a la Union House, algunos de ellos se mezclaron con la multitud en el bar de McGinty, susurrando por la cantina hasta llegar al jefe diciendo que el trabajo había sido bien llevado. Otros, y entre ellos, McMurdo, se esparcieron por las callejuelas y por desviadas vías hasta sus hogares.

Capítulo IV
EL VALLE DEL TERROR

Cuando McMurdo se despertó la mañana siguiente tenía buenas razones para evocar su iniciación en la logia. Su cabeza la dolía con el efecto de la bebida, y su brazo, donde había sido marcado, estaba caliente e hinchado. Por tener su propia peculiar fuente de ingresos, era irregular en su asistencia al trabajo; por lo que tuvo un desayuno tardío, y permaneció en casa por la mañana escribiendo una larga carta a un amigo. Después de ello tomó el Daily Herald. En una columna especial puesta en el último momento leyó:

"BARBARIE EN LA OFICINA DEL HERALD — EDITOR SERIAMENTE HERIDO"

Era un corto relato de los hechos con los cuales él mismo era más familiar que lo que el escritor pudiera haber sido. Terminaba con la afirmación:

"El suceso está ahora en manos de la policía; pero difícilmente se puede esperar que sus esfuerzos sean acompañados por mejores resultados que en el pasado. Algunos de los hombres fueron reconocidos, y hay expectativas de que una prueba

> pueda ser obtenida. El origen del atropello fue, no necesita ser dicho, la infame sociedad que tiene la comunidad en esclavitud por tan largo periodo, y contra la cual el Herald ha tomado tan severa posición. Los amigos de Mr. Stanger estarán alegres de escuchar que, aunque fue cruel y brutalmente golpeado, y a pesar de que recibió terribles heridas en la cabeza, no hay peligro inmediato contra su vida."

Debajo mencionaba que una guardia de policías, armados con rifles Winchester, había sido requerida para la defensa de la oficina.

McMurdo había dejado el periódico, y estaba encendiendo su pipa con una mano que estaba temblante por los excesos de la tarde pasada, cuando hubo un golpeteo afuera, y su casera le trajo una nota que había sido traída por un chiquillo. No estaba firmada y decía esto:

> "Desearía hablar con usted; pero no sería conveniente hacerlo en su casa. Me encontrará junto al asta de bandera sobre Miller Hill. Si viene ahora mismo, tengo algo que es importante para usted escuchar y para mí decirlo."

McMurdo leyó la nota dos veces con extrema sorpresa; pues no se podía imaginar qué significaba ni quién era el autor de ésta. De haber sido una mano femenina, se habría imaginado que era el inicio de una de esas aventuras que le eran suficientemente familiares en su vida pasada. Pero era la escritura de un hombre, y de uno muy educado, también. Finalmente, luego de una incertidumbre, se determinó ir a ver el asunto.

Miller Hill era un parque público mal mantenido en el mismo centro del pueblo. En verano era el lugar favorito de concurrencia de la gente; pero en invierno era bastante solitario. Desde su cima uno tenía una vista de no sólo el disperso y sucio caserío, sino también del serpentino valle más allá, y de las diseminadas minas y fábricas ensuciando la nieve a cada lado de ella, y de las cordilleras cubiertas de blanco y llenas de bosques que lo flanqueaban.

McMurdo deambulaba por el zigzagueante camino cercado con arbustos hasta que llegó al desierto restaurante que forma el núcleo del alborozo de estío. A su lado había un asta desnuda, y bajo ella un hombre, con su sombrero sacado y el cuello de su abrigo arremangado. Cuando giró su cara McMurdo vio que se trataba del Hermano Morris, quien había causado la ira del jefe del cuerpo la noche anterior. La señal de la logia fue dada e intercambiada cuando se juntaron.

—Deseaba tener unas palabras con usted, Hermano McMurdo —empezó el hombre mayor, hablando con una duda que mostraba que estaba en tierras delicadas—. Fue muy amable de su parte el venir.

—¿Por qué no colocó su nombre en la nota?

—Uno debe ser discreto, señor. Uno nunca sabe en estos tiempos cómo una cosa puede regresar a uno. Uno nunca sabe en quién confiar y en quién no confiar.

—Ciertamente uno puede confiar en los hermanos de la logia.

—No, no, no siempre —gimió Morris con vehemencia—. Todo lo que decimos, incluso lo que pensamos, parece ir a ese hombre McGinty.

—¡Mire! —exclamó McMurdo torvamente—. Tan sólo la noche pasada, usted sabe muy bien, juré buena voluntad a nuestro jefe del cuerpo. ¿Me está pidiendo faltar mi promesa?

—Si así es como lo ve —señaló Morris tristemente—. Solamente puedo pedir disculpas por la molestia de venir a verme. Las cosas han llegado a algo muy malo cuando dos ciudadanos libres no pueden expresar sus pensamientos el uno al otro.

McMurdo, que había observado a su compañero muy de cerca, ablandó un poco su resistencia.

—De veras yo hablo sólo por mí —dijo—. Soy un recién llegado, como sabe, y soy extraño a todo. No es propio de mí el abrir la boca, Mr. Morris, y si cree que es lo conveniente decirme algo estoy aquí para ofrecer atención.

—¡Y para decirle al jefe McGinty! —clamó Morris amargamente.

—Indudablemente, me hace una injusticia con eso —bramó McMurdo—. Yo soy leal a la logia, y eso es lo que le digo; pero sería una pobre criatura si fuera a divulgar a otro lo que usted me mencione en confidencia. Su comentario no irá más lejos conmigo; aunque le aviso que puede no obtener ni ayuda ni simpatía.

—Ya estoy cansado de buscar una o la otra —replicó Morris—. Puedo estar colocando mi vida en sus manos por lo que diga; pero, aunque sea malo, y me pareció anoche que se está adaptando para ser tan malo como el peor, aún es nuevo en esto, y su conciencia no puede ser tan cruel como la de ellos. Ésa fue la razón por la que premedité hablar con usted.

—Bien, ¿qué me debe decir?

—Si me delata, ¡que una maldición caiga sobre usted!

—Seguro, ya le dije que no lo haré.

—¿Le pediré, entonces, que me diga si cuando usted se enroló en la sociedad de los Freeman en Chicago y juró votos de caridad y fidelidad, alguna vez se cruzó por su mente que lo dirigiría al crimen?

—Si lo llama crimen —contestó McMurdo.

—¡Llamarlo crimen! —aclamó Morris, con su voz vibrando con pasión—. Ha visto poco de esto si le pregunta a alguien más. ¿Fue un crimen anoche cuando un hombre lo suficientemente viejo para ser su padre fue golpeado hasta que la sangre chorree de sus canas? ¿Fue eso crimen, o qué otro nombre le daría usted?

—Algunos dirían que fue guerra —respondió McMurdo— una guerra entre dos clases con todo, por lo que cada uno golpeó lo mejor que pudo.

—Bueno, ¿se imaginó usted eso cuando se unió a la sociedad de los Freeman en Chicago?

—No, estoy obligado a decir que no.

—Ni tampoco yo cuando me uní a ella en Filadelfia. Era únicamente un club benéfico y un lugar de reunión para los compañeros de uno. Entonces escuché sobre este lugar, ¡maldita sea la hora en que ese nombre llegó a mis oídos! ¡Y vine a mejorarme a mí mismo! ¡Por Dios! ¡A mejorarme a mí mismo! Mi esposa y mis tres niños vinieron conmigo. Inicié una lencería en Market Square, y prosperó muy bien. El rumor corrió que yo era un Freeman, y fui obligado a juntarme a la logia local, de la misma forma que lo hizo usted anoche. Tengo la distinción de la vergüenza en mi antebrazo y algo peor marcó mi corazón. Me di cuenta de que estaba bajo las órdenes de un negro villano y metido dentro de una red del crimen. ¿Qué podía hacer? Cada palabra que profería para hacer las cosas mejores fue tomada como una traición, de la misma manera como la noche de ayer. No puedo salir de ella; pues todo lo que tengo en el mundo es mi tienda. Si dejo la sociedad, sé muy bien que significa la muerte para mí, y Dios sabe si para mi esposa e hijos. ¡Oh, hombre, es horrible, horrible! —puso sus manos en su perfil, y su cuerpo se sacudió con convulsivos sollozos.

McMurdo se encogió de hombros.

—Fue demasiado blando para el trabajo —sugirió—. Está usted mal en ese cargo.

—Tengo conciencia y una religión; pero me hicieron un criminal entre ellos. Fui escogido para un trabajo. Si lo rechazaba, sabía lo que me esperaría. Tal vez soy un cobarde. A lo mejor es el pensamiento de mi pobre mujercita y los niños lo que me hace uno. De cualquier manera fui. Creo que me perseguirá para siempre.

Era una casa solitaria, a veinte millas de aquí, más allá de aquellas montañas. Fui destinado para la puerta, al igual que usted anoche. No podían confiar en mí en el trabajo. Los demás entraron. Cuando salieron sus manos carmesíes hasta las muñecas. Mientras nos íbamos un niño estaba gritando en la casa detrás de nosotros. Era un chico de unos cinco años que había visto a su padre asesinado. Casi me desmayé con el horror de eso, y aún así debía mantener una atrevida y sonriente cara; porque bien sabía que si no lo hacía sería de mi vivienda de donde saldrían la siguiente vez con sus manos ensangrentadas, y sería mi pequeño Fred el que estaría chillando por su padre

Pero era un criminal en ese entonces, con una parte compartida en un asesinato, perdido para siempre en este mundo, y también en el siguiente. Soy un buen católico; pero el sacerdote no me dirigiría la palabra cuando oiga que soy un Scowrer, y estoy excomulgado de mi fe. Así es como yo estoy aquí. ¿Está listo para ser un asesino a sangre fría también, o podemos hacer algo para detenerlo?

—¿Qué hará usted? —formuló McMurdo abruptamente—. ¿No informará?

—¡Dios me lo prohíba! —se lamentó Morris—. De hecho, el sólo pensamiento me costaría la vida.

—Eso está bien —dijo McMurdo—. Estoy pensando que es usted un hombre endeble y que hace demasiados alborotos en el asunto.

—¡Demasiados! Espere a vivir aquí por más tiempo. ¡Mire el valle! ¡Vea la nube de unas cien chimeneas que lo oscurece! Le digo que cada nube de muertes pende cada vez más espesa y más abajo sobre las cabezas de nuestra gente. Es el Valle del Terror, el Valle de la Muerte. El terror está en los corazones de la gente desde el crepúsculo hasta el amanecer. Espere, joven hombre, y lo comprenderá por usted mismo.

—Bueno, le haré saber lo que piense cuando haya visto más —contestó McMurdo sin importarle mucho—. Lo que está muy claro es que no es usted el hombre para estos lares, y que mientras más pronto venda todo y se vaya, si solamente consigue un décimo de dólar por lo que valga la pena el negocio, lo mejor será para usted. Lo que me ha dicho está a salvo conmigo; pero, ¡Por Dios! Si sé que es usted un informante...

—¡No, no! —chilló Morris lastimosamente.

—Bueno, dejémoslo ahí. Tendré en cuenta lo que usted me ha dicho, y posiblemente algún día regrese a ello. Me imagino que usted fue muy amable al venir a decirme esto. Ahora marcharé a casa.

—Una cosa antes de que se vaya —interrumpió Morris—. Puede ser que nos hayan visto juntos. Querrán saber de qué hemos conversado.

—¡Ah! Eso está muy bien pensado.

—Le ofrecí un oficio de dependiente en mi tienda.

—Y me rehusé a él. Ése es nuestro negocio. Bien, hasta la vista, Hermano Morris, y verá que las cosas cambian para bien en su futuro.

La misma tarde, mientras McMurdo se sentó a fumar, perdido en sus ideas, junto a la estufa del cuarto de estar, la puerta se balanceó al abrirse y su entramado se llenó con la enorme figura del jefe McGinty. Él hizo la seña, y sentándose al lado opuesto del joven lo miró fijamente por un algún tiempo, una mirada que fue respondida también fijamente.

—No soy mucho de visitar, Hermano McMurdo —anunció por fin—. Creo que estoy muy ocupado con los muchachos que vienen a visitarme a mí. Pero me imaginé que me convendría una hora y me dejaría caer en su propia casa.

—Estoy orgulloso de verlo aquí, Concejal —McMurdo replicó cordialmente, trayendo una botella de whisky de su armario—. Es un honor que no me lo esperaba.

—¿Cómo está el brazo? —interrogó el jefe.

McMurdo puso una cara torcida.

—Bueno, no lo estoy olvidando —manifestó—; pero valió la pena.

—Sí, vale la pena —el otro respondió—, para aquellos que son leales y van con ella ayudando a la logia. ¿Qué estuvo conversando con el Hermano Morris en Miller Hill esta mañana?

La pregunta llegó tan sorpresivamente que fue bueno que ya tuviera una contestación dispuesta. Estalló en una alegre risa.

—Morris no sabía que yo podía ganarme la vida aquí en mis aposentos. No conocía mi manera de hacerlo también; pues tiene excesiva conciencia para los sujetos como yo. Pero es un viejo tipo con buen corazón. Fue su impresión que yo estaba desamparado y que haría un bien ofreciéndome un puesto de dependiente en una tienda de lencería.

—¿Oh, fue eso?

—Sí, fue eso.

—¿Y se rehusó a él?

—Ciertamente. ¿No puedo ganar yo diez veces más en mi dormitorio con el trabajo de cuatro horas?

—Sí. Pero yo no me reuniría mucho con Morris.

—¿Por qué no?

—Bueno, creo que es suficiente razón que yo te diga que no. Eso basta para los muchachos de estas partes.

—Bastará para muchos muchachos: pero no es suficiente para mí, Concejal —pronunció McMurdo resueltamente—. Si usted juzga a los hombres, usted lo sabrá.

El atezado gigante lo observó atentamente, y su mano peluda se cerró por un instante alrededor del vaso como si fuera a arrojarla sobre la mano de su compañía. Entonces se rió en su forma fuerte, estrepitosa y nada sincera.

—Es usted una rara persona, realmente —respondió—. Bien, si quiere razones, se las daré. ¿Morris le dijo algo contra la logia?

—No.

—¿Algo contra mí?

—No.

—Bueno, eso es porque no tiene confianza en usted. Pero en su corazón no es un hermano leal. Sabemos eso muy bien. Por eso lo vigilamos y esperamos por el tiempo para amonestarlo. Estoy pensando que el tiempo se está aproximando. No hay espacio para ovejas postillosas en nuestro corral. Pero si frecuenta a un hombre que no es fiel, podríamos pensar que usted tampoco lo es, también. ¿Ve?

—No hay razón alguna para que busque su compañía; pues no me gusta el hombre —contestó McMurdo—. Y en cuanto a ser desleal, si fuera cualquier hombre excepto usted, él no me hablaría dos veces.

—Bueno, eso es suficiente —profirió McGinty, vaciando su vaso—. Vine a decirle unas palabras en ocasión, y las ha tenido.

—¿Me gustaría saber —exigió McMurdo— cómo se enteró de que yo había hablado con Morris?

McGinty se rió.

—Es mi trabajo saber lo que ocurre en este municipio —dijo—. Me imagino que usted haría bien en creer en que oigo todo lo que pasa. Bueno, se acabó el tiempo, y sólo le diré...

Pero su despedida fue cortada de manera inesperada. Con un súbito estampido la puerta se abrió y tres rostros fruncidos y asiduos clavaron su mirada en ellos bajo las puntas de los gorros de policía. McMurdo se incorporó en sus pies y entresacó su revólver; pero su brazo se detuvo en medio cuando se percató de que dos rifles Winchester apuntaban a su cabeza. Un hombre en uniforme avanzó hacia el cuarto, con una pistola de seis cilindros en su mano. Era el capitán Marvin, una vez de Chicago, y ahora de la Comisaría Minera. Meneó su cabeza con una sonrisa a medias dirigida a McMurdo.

—Ya me imaginaba que se metería en problemas, Mr. Delincuente McMurdo de Chicago —mencionó—. ¿No puede salir de esto, no es así? Tome su sombrero y venga con nosotros.

—Creo que pagará por esto, capitán Marvin —exclamó McGinty—. ¿Quiénes son ustedes, me gustaría saber, para entrar en una casa de esa forma y molestar a honestos hombres obedientes de la ley?

—Usted no entra en este asunto, Concejal McGinty —enunció el capitán de la policía—. No estamos tras usted, sino tras este hombre McMurdo. Está en usted el ayudarnos, no obstaculizarnos en nuestra tarea.

—Es un amigo mío, y yo responderé por su conducta —exclamó el jefe.

—De cualquier manera, Mr. McGinty, deberá responder por su propia conducta uno de estos días —objetó el capitán—. Este tipo McMurdo fue un bandido antes de venir aquí, y bandido sigue siendo. Cúbranlo, policías, mientras lo desarmo.

—Aquí está mi pistola —indicó McMurdo calmadamente—. Tal vez, capitán Marvin, si usted y yo estuviéramos solos frente a frente no me atraparía tan fácilmente.

—¿Dónde está su orden? —consultó McGinty—. ¡Por Dios! Un hombre estaría igual viviendo en Rusia que en Vermissa con sujetos como usted manejando la policía. Es un abuso capitalista, y escuchará más de esto, ya lo creo.

—Usted hace lo que cree que es su trabajo lo mejor que puede, Concejal. Déjenos hacer el nuestro.

—¿De qué soy acusado? —demandó McMurdo.

—De estar involucrado en la paliza dada al anciano editor Stanger en la oficina del Herald. No fue su culpa que no fuese un cargo de homicidio.

—Bueno, eso es todo lo que tiene contra él —berreó McGinty con una risa—, pueden evitarse un montón de molestias con soltarlo ahora mismo. Este hombre se encontraba conmigo en mi cantina jugando póker hasta la medianoche, y puedo traer una docena que lo atestigüen.

—Es su problema, y creo que lo podrá dar por sentado en la corte mañana. Mientras tanto, venga, McMurdo, y venga quieto sino quiere que un arma le atraviese la cabeza. ¡Permanezca alejado, Mr. McGinty; pues le advierto que no toleraré resistencia alguna mientras esté en mi deber!

Tan determinada era el aspecto que ambos, McMurdo y su jefe, fueron forzados a aceptar la situación. Este último alcanzó a decirle unas pocas en murmullo al prisionero antes de que partiera.

—¿Qué hay sobre... —señaló con su pulgar hacia arriba para referirse a la fábrica acuñadora.

—Todo está bien —musitó McMurdo, quien había urdido un escondite seguro bajo el piso.

—Adiós —proclamó el jefe, dándole la mano—. Veré a Reilly el abogado y yo mismo tomaré su defensa. Tenga fe en que no serán capaces de retenerle.

—No apostaría eso. Cuiden al prisionero, ustedes dos, y dispárenle si intenta cualquier juego. Revisaré la casa antes de irme.

Lo hizo; pero supuestamente no encontró vestigios de la fábrica oculta. Cuando hubo regresado él y sus hombres escoltaron a McMurdo hasta los cuarteles. La oscuridad ya había caído, y una ávida ventisca invadía tanto las calles que estaban desiertas; aunque algunos ociosos seguían al grupo, y envalentonados por la invisibilidad gritaban imprecaciones al prisionero.

—¡Linchen al maldito Scowrer! —aullaban— ¡Línchenlo!

Se reían y ofendían mientras era empujado hacia la estación de policía. Luego de un corto y formal examen del inspector a cargo fue puesto en la celda común. Allí encontró a Baldwin y otros tres criminales de la noche anterior, todos arrestados esa tarde y esperando su juicio la siguiente mañana.

Pero incluso en esta fortaleza interior de la ley el largo brazo de los Freemen se extendía. Tarde en la noche vino el carcelero con un hato de paja para su ropa de cama, de las cuales extrajo dos botellas de whisky, algunos vasos y un paquete de cartas. Pasaron una bulliciosa noche, con un ansioso pensamiento por la prueba de la mañana.

Igualmente tenían la causa, como el resultado lo demostró. El magistrado no podía seguramente, con la evidencia, llevarlos a una corte superior. Por una parte los compositores y periodistas fueron obligados a admitir que la luz no era muy clara, que ellos mismos estaban muy aturdidos, y que era muy difícil para ellos jurar la identidad de los asaltantes; aunque creían que el acusado estaba entre ellos. Contrainterrogados por el hábil abogado que había sido contratado por McGinty, fueron aún más imprecisos en su testimonio.

El hombre herido ya había declarado que había sido tomado por sorpresa por lo repentino del ataque y no podía afirmar nada más allá del hecho de que el primer hombre que lo golpeó tenía un bigote. Añadió que sabía que eran Scowrers, pues nadie más en la comunidad podía de verdad tener una enemistad con él. Por otra parte fue lúcidamente expuesto por el unido e inalterable testimonio de seis ciudadanos, con ese alto oficial municipal más, Concejal McGinty, que los hombres habían estado en un juego de cartas en la Union House hasta una hora mucho más tardía que la de la realización de la atrocidad.

No es necesario decir que fueron librados de los cargos con algo muy cercano a las disculpas del tribunal por la situación inconveniente en la que los habían puesto, junto con una implicada censura al capitán Marvin y la policía por el entrometido arresto.

El veredicto fue acogido con un fuerte aplauso por la corte en la que McMurdo vio muchas caras familiares. Los hermanos de la logia sonreían y se estremecían. Pero había otros que se sentaban con los labios comprimidos y ojos cavilantes a la par que los hombres salían en fila del banquillo de los acusados. Uno de ellos, un pequeño tipo resoluto de barba negra, puso las ideas de sí mismo y sus camaradas en palabras mientras los prisioneros pasaban ante él.

—¡Malditos asesinos! —dictó— ¡Ya nos las arreglaremos con ustedes!

Capítulo V
LA HORA MÁS OSCURA

Si algo hubiera sido necesitado para dar un impulso a la popularidad de Jack McMurdo entre sus camaradas sería su arresto y absolución. Que un hombre la misma noche de su incorporación a la logia haya hecho algo que lo llevase ante el magistrado era un nuevo registro en los anales de la sociedad. Ya se había ganado la reputación de ser un bueno y dadivoso compañero, un alegre parrandero, y además un hombre de fuerte temperamento, que no recibiría un insulto ni del mismo poderoso jefe. Pero en suma a esto impresionó a sus compañeros con la idea de que entre todos ellos no había ni uno cuyo cerebro estuviera tan preparado para inventar un plan tan sanguinario, o cuya mano sea tan capaz para llevarlo a cabo. "Él será el chico que haga el trabajo limpio", manifestaban los mayores uno al otro, y esperaban su tiempo hasta que lo pudieran enviar a su trabajo.

McGinty tenía ya instrumentos suficientes; pero reconoció que era éste uno formidablemente competente. Se sentía como un hombre reteniendo a un fiero sabueso por su correa. Habían algunos perros de caza que hacían la pequeña tarea; pero algún día soltaría esta criatura sobre su presa. Unos pocos miembros de la logia, Ted Baldwin entre ellos, se resintieron por el rápido ascenso del extraño y lo odiaron por eso; pero se mantenían lejos de su camino, pues estaba tan listo para pelear como para reír.

Pero si ganaba favores entre los suyos, había otra área, una que se había vuelto más vital para él, en la que perdió. El padre de Ettie Shafter no quería saber más de él, ni dejarle entrar en la casa. La misma Ettie estaba tan profundamente enamorada como para dejarlo por completo, y sin embargo su buen sentido le avisaba de lo que le resultaría de un matrimonio con un hombre que era estimado como un criminal.

Una mañana tras una noche sin dormir se determinó a verlo, posiblemente por última vez, y hacer un fuerte esfuerzo para arrebatarlo de esas influencias malignas que lo absorbían. Fue a su casa, como comúnmente él le rogaba que hiciera, e hizo su camino hasta su habitación que él usaba como su gabinete. Él estaba sentado en la mesa, de espaldas y con una carta enfrente de él. Un súbito espíritu de travesura de niña le vino, solamente tenía diecinueve años. No la había escuchado cuando empujó la puerta. Anduvo de puntillas y colocó su mano suavemente sobre sus hombros encorvados.

Si había pensado en asustarlo, indubitablemente lo consiguió; pero a cambio de ser asustada ella misma. Con un salto de tigre se volteó hacia ella, y su mano derecha fue puesta en su garganta. En el mismo instante con la otra mano arrugó la hoja de papel que yacía ante él. Por un instante permaneció observándola. Luego el asombro y alegría tomaron el lugar de la ferocidad que había convulsionado sus facciones, una ferocidad que la había sumergido en horror como algo que nunca se había introducido en su mansa vida.

—¡Eres tú! —dijo, arrugando su frente—. ¡Y pensar que venías por mí, corazón de mi corazón, y yo no encontraría nada mejor que hacer que estrangularte! Ven, querida —y retiró sus manos—, déjame arreglarte.

Pero ella no se había recobrado de aquél precipitado vistazo de miedo culpable que había leído en la cara del hombre. Todos sus instintos de mujer le indicaron que no era el simple susto de un hombre que es espantado. Culpabilidad, eso era, culpabilidad y miedo.

—¿Qué es lo que te pasa, Jack? —exclamó—. ¿Por qué estabas espantado de mí? ¡Oh, Jack, si tu conciencia estuviera en sosiego, no me hubieras mirado así!

—Seguro, estaba pensando en otras cosas, y cuando viniste a hurtadillas en esos pies de hadas tuyos...

—No, no, fue más que eso, Jack —entonces una repentina sospecha la acometió—. Déjame ver lo que estabas escribiendo.

—Ah, Ettie, no puedo hacer eso.

Sus sospechas se transformaron en certezas.

—Es para otra mujer —gritó—. ¡Lo sé! ¿Por qué otra razón la apartarías de mí? ¿Le estabas escribiendo a tu esposa? ¿Cómo sé que no eres un hombre casado, tú, un extraño, que nadie conoce?

—No soy casado, Ettie. ¡Mira, lo juro! Eres la única mujer en la tierra para mí. ¡Por la cruz de Cristo lo juro!

Estaba tan blanco con seriedad entusiasmada que ella no pudo hacer más que creerle.

—Bueno, entonces —alegó— ¿por qué no me enseñas la carta?

—Te lo diré, acushla —manifestó—. Estoy bajo promesa de no exponerla, y así como yo no faltaría mis palabras contigo debo conservar la promesa que hice a estas personas. Es el negocio de la logia, y aun para ti es secreto. ¿Y si fui asustado cuando una mano cayó sobre mí, no lo puedes entender cuando bien pudo haber sido la mano de un detective?

Ella sintió que le decía la verdad. Se echó sobre sus brazos y desvaneció sus miedos y dudas.

—Siéntate aquí, junto a mí. Es un raro trono para una reina como ésta; pero es lo mejor que tu pobre enamorado puede ofrecerte. Lo hará mejor para ti uno de estos días, lo estoy pensando. Ahora tu mente está calmada nuevamente, ¿no es así?

—¿Cómo puede estar calmada, Jack, cuando sé que eres un criminal entre criminales, cuando nunca sabré el día en que pueda oír que estás en la corte por asesinato? "McMurdo, el Scowrer", así fue como uno de nuestros huéspedes te llamó ayer. Atravesó mi corazón como un cuchillo.

—Seguro, palabras duras no quiebran los huesos.

—Pero eran ciertas.

—Bueno, querida, no es tan malo como piensas. Sólo somos hombres pobres que delineamos nuestra propia ruta para ganar nuestros derechos.

Ettie estiró sus brazos alrededor del cuello de su amado.

—¡Déjalo, Jack! ¡Por mí, por la gracia de Dios, déjalo! Fue para pedírtelo que vine aquí hoy día. ¡Oh, Jack, mira, te lo imploro de rodillas! ¡Arrodillándome ante ti te ruego que lo dejes!

Él la elevó y alivió con su cabeza contra su pecho.

—De veras, mi querida, no sabes qué es lo que me pides. ¿Cómo podría renunciar cuando sería romper mi juramento y desertar de mis camaradas? Si pudieras ver cómo están las cosas conmigo no me pedirías eso. Además, si quisiera, ¿cómo podría hacerlo? ¿No supondrás que la logia dejará libre a un hombre con todos sus secretos?

—He pensado en eso, Jack. Lo he planeado todo. Mi padre ha guardado un poco de dinero. Está cansado de este lugar donde el miedo a esta gente oscurece nuestras vidas. Está listo para irse. Podríamos huir juntos a Filadelfia o Nueva York, donde estaremos a salvo de ellos.

McMurdo se carcajeó.

—La logia tiene un largo brazo. ¿Piensas que no se podría extender desde aquí hasta Filadelfia o Nueva York?

—¡Bueno, entonces, al Oeste, o a Inglaterra o Alemania, de donde viene mi padre, cualquier sitio para salir de este Valle del Terror!

McMurdo pensó en el viejo Hermano Morris.

—Realmente es la segunda vez que he oído ser llamado así al valle —afirmó—. La sombra parece estar cayendo pesadamente en varios de ustedes.

—Eclipsa cada momento de nuestras vidas. ¿Crees que Ted Baldwin nos ha perdonado? Si no fuera porque te teme, ¿cuáles supones que serían nuestras oportunidades? ¡Si vieras la mirada en esos oscuros ojos hambrientos cuando caen sobre mí!

—¡Por Dios! ¡Le enseñaría mejores modales si lo encuentro así! Pero mira esto, pequeñita. No me puedo ir de aquí. No puedo, entiéndeme eso de una vez por todas. Pero si me dejas encontrar mi propio camino, trataré de encontrar uno para salir honorablemente de esto.

—No hay honor en tal asunto.

—Bueno, bueno, es simplemente cómo lo ves. Pero si me dieras seis meses, trabajaría lo suficiente para irme sin estar avergonzado de mirar a otros en la cara.

La chica se rió con gozo.

—¡Seis meses! —gritó— ¿Es una promesa?

—Bueno, pueden ser siete u ocho. Pero en un año como máximo dejaremos el valle tras nosotros.

Era todo lo que Ettie podía conseguir, y aun así era algo. Estaba esta luz distante para iluminar la tenebrosidad del futuro inmediato. Regresó a la morada de su padre lo más apaciguada que había estado desde que Jack McMurdo llegó a su vida.

Puede ser imaginado que como miembro, todas las actividades de la sociedad le serían explicadas; pero estaba pronto a descubrir que la organización era aún más amplia y más compleja que la simple logia. Incluso el jefe McGinty ignoraba algunas cosas; pues había un oficial denominado el delegado del condado, que vivía en Hobson's Patch más allá en la línea ferroviaria, que tenía el poder sobre varias diferentes logias que dirigía de forma precipitada y arbitraria. Sólo una vez McMurdo lo divisó, un hombre-rata astuto y de pelo cano, con un andar escurridizo y una mirada lateral que estaba cargada con malicia. Evans Pott era su nombre, e incluso el gran jefe de Vermissa sentía hacia él algo de la repulsión y el miedo que el enorme Danton pudo haber sentido por el pequeño pero peligroso Robespierre.

Un día Scanlan, que era el compañero de vivienda de McMurdo, recibió una nota de McGinty adjuntada a una de Evans Pott, que le informaba que él estaba enviando dos hombre diestros, Lawler y Andrews, quienes tenían instrucciones de actuar en el vecindario; aunque era mejor para su tarea que ningún comentario sobre su objeto de venida fuera dado. ¿Podría el jefe del cuerpo ver que los arreglos apropiados fueran hechos para su hospedaje y bienestar hasta que llegase el tiempo de la operación? McGinty añadía que era imposible para alguien permanecer en secreto en la Union House, y, por lo tanto, estaría agradecido si McMurdo y Scanlan acogieran a los desconocidos por unos pocos días en su pensión.

La misma tarde los dos hombres arribaron, cada uno portando su maleta. Lawler era un hombre mayor, sutil, silencioso y retraído, vestido en una vieja levita negra, que con su suave sombrero de fieltro y andrajosa y pardusca barba le daba un parecido general a un predicador itinerante. Su compañero Andrews era un poco más que un chiquillo, de faz sencilla y alegre, con los vivos modales de alguien que ha salido de vacaciones y está dispuesto a disfrutar cada minuto de ellas. Ambos hombres eran serenos totales, y se comportaban en todo sentido como miembros ejemplares de la sociedad, con la única simple excepción de que eran asesinos que se habían probado a sí mismos ser capaces instrumentos para esta asociación de muerte. Lawler había llevado catorce comisiones de este tipo, y Andrews tres.

Estaban, como McMurdo se dio percató, dispuestos a explicar sobre sus hechos en el pasado, los cuales recontaban con el orgullo medio tímido de hombres que han realizado un buen y desprendido servicio para la comunidad. Eran evasivos, no obstante, al trabajo inmediato que tenían en mano.

—Nos escogieron porque ni yo ni el chico bebemos —declaró Lawler—. Pueden contar con que nosotros no diremos más de lo que deberíamos. No deben tomarnos mal, pero son las órdenes del delegado del condado las que obedecemos.

—Seguro, estamos todos en ello —mencionó Scanlan, el amigo de McMurdo a la par que se sentaban los cuatro a cenar.

—Eso es cierto, y hablaremos hasta que las vacas regresen a sus hogares del homicidio de Charlie Williams o de Simon Bird, o cualquier otro trabajo en el pasado. Pero hasta que la labor no esté cumplida no diremos nada.

—Hay media docena a los que me gustaría darles su merecido —refirió McMurdo, con un juramento—. Supongo que no es Jack Knox de Ironhill tras el cual ustedes van. Iría algún día para darle lo que debe recibir por sus méritos.

—No, no es él aún.

—¿O Herman Strauss?

—No, tampoco él.

—Bien, si no nos lo dicen no los podemos obligar; pero estaría contento de saberlo.

Lawler sonrió y sacudió su cabeza. Él no iba a ser desentrañado. En vista de la prudencia de sus invitados, Scanlan y McMurdo estaban determinados a asistir a lo que ellos llamaban "la diversión". Cuando, por consiguiente, a tempranas horas una mañana McMurdo los oyó caminando lentamente por las escaleras despertó a Scanlan, y los dos se apresuraron en ponerse sus ropas. Cuando estuvieron vestidos se habían marchado, dejando la puerta abierta a sus espaldas. Aún no era la alborada, y por la luz de las lámparas podían ver a dos hombres distantes en la calle. Los siguieron precavidamente, pisoteando sin hacer ruido la profunda nieve. La casa de huéspedes estaba cerca de los límites del pueblo, y pronto estuvieron en las encrucijadas que están más allá de sus confines. Allí tres hombres estaban esperando, con los cuales Lawler y Andrews sostuvieron una corta y ansiosa conversación. Entonces todos se movieron juntos. Era evidentemente algún trabajo considerable que necesitaba un buen número. En este punto había varios senderos que llevaban a distintas minas. Los extraños tomaron el que se dirigía a Crow Hill, un enorme negocio que estaba en fuertes manos que habían sido capaces, gracias a su enérgico y temerario gerente de Nueva Inglaterra, Josiah H. Dunn, de mantener algo de orden y disciplina durante el extenso reinado del terror.

El día estaba irrumpiendo ahora, y una fila de obreros estaban lentamente haciendo su camino, individualmente y en grupos, entre la ruta ennegrecida.

McMurdo y Scanlan vagaron con los demás, manteniendo a la vista a los hombres que seguían. Una espesa niebla descendió sobre ellos, y desde el corazón de ella vino el inadvertido chillido de un silbato de vapor. Era la señal de diez minutos antes de que los camarines bajen y la labor del día comience.

Cuando alcanzaron el espacio abierto alrededor del respiradero de la mina había cientos de mineros esperando, estampando sus pies y soplando sus dedos; pues el día era amargamente frío. Los extraños se quedaron en un pequeño grupo bajo la sombra de la sala de máquinas. Scanlan y McMurdo treparon un montón de basura desde donde se podía ver la escena completa ante ellos. Vieron al ingeniero de la mina, un gran escocés barbudo llamado Menzies, salir de la sala de máquinas y sonar el silbato para que los camarines fueran deslizados.

En el preciso instante un alto joven de holgada silueta con un rostro afeitado y serio avanzó velozmente hacia el pozo. Mientras avanzaba sus ojos se colocaron sobre el grupo, silencioso e inmóvil, bajo la sala de máquinas. Los hombres se habían quitado sus sombreros y elevado los cuellos de sus ropas para ocultar sus caras. Por un momento el presentimiento de la Muerte puso su fría mano sobre el corazón del gerente. Al siguiente se había zafado de él y vio únicamente su trabajo con respecto a desconocidos intrusos.

—¿Quiénes son ustedes? —formuló mientras continuaba—. ¿Qué están holgazaneando por ahí?

No hubo respuesta; sino que el muchacho Andrews dio un paso hacia él y le disparó en el estómago. El centenar de mineros esperando permanecieron inmóviles y sin poder ayudar como si estuviesen pasmados. El gerente se llevó sus dos manos a la herida y se dobló en dos. Luego se bamboleó hacia atrás; pero otro de los asesinos dio un tiro, y cayó de lado, pataleando y arañando entre el hato de desmonte. Menzies, el escocés, lanzó un rugido de ira ante esa visión y se apresuró con una llave de hierro hacia los asesinos; pero fue recibido con dos balas en el rostro que lo dejaron muerto a sus propios pies.

Hubo una conmoción entre los mineros, y un inarticulado grito de lástima y cólera; pero un par de los desconocidos vaciaron sus barriles de seis disparos sobre las cabezas de la multitud, y rompieron filas y se esparcieron, algunos de ellos corriendo salvajemente de vuelta a sus hogares en Vermissa.

Cuando pocos de los más valientes se reagruparon, y hubo un retorno a la mina, la banda asesina se había desvanecido en la neblina de la mañana, sin ni un solo testigo capaz de jurar la identidad de estos hombres que frente a un centenar de espectadores habían cometido un doble crimen.

Scanlan y McMurdo ya habían regresado; Scanlan algo turbado, pues era el primer trabajo de asesinato que había visto con sus propios ojos, y le pareció menos entretenido que lo que le habían hecho creer. Los horribles gritos de la esposa del gerente muerto los persiguieron mientras se apresuraban hacia el pueblo. McMurdo estaba embelesado en sus pensamientos y mudo; pero no mostró simpatía alguna por la debilidad de su compañero.

—Seguro, es como la guerra —repitió—. Qué es sino una guerra entre nosotros y ellos, contraatacamos donde mejor podemos.

Hubo un gran festejo en la Union House esa noche, no solamente por el homicidio del gerente y el ingeniero de la mina Crow Hill, lo que llevaría a esta organización a la ley junto a las otras compañías chantajistas y aterrorizadoras del distrito, sino también por un triunfo distante que había sido efectuado por las manos de la propia logia.

Parecía que cuando el delegado del condado hubo enviado cinco hombres expertos a hacer un golpe en Vermissa, había demandado por su parte que en retorno tres hombres de Vermissa fueran secretamente selectos y despachados para matar a William Hales de Stake Royal, uno de los más conocidos y más populares propietarios mineros en el distrito de Gilmerton, un hombre del que se creía que no tenía enemigos en el mundo; pues era de todas formas un empleador modelo. Había insistido, no obstante, en la eficiencia del trabajo, y había, por lo tanto, despedido a ciertos borrachos y ociosos empleados que eran miembros de la sociedad todopoderosa. Anuncios de ataúdes que pendían de su puerta no habían ablandado su resolución, y así en un libre y civilizado país se vio a sí mismo condenado a muerte.

La ejecución había sido esta vez llevada a cabo debidamente. Ted Baldwin, que ahora se tendía en el sitio de honor junto al jefe del cuerpo, había sido el líder del grupo. Su perfil abochornado y ojos vidriosos, inyectados de sangre hablaban de una falta de sueño y de bebida. Él y sus dos camaradas habían pasado la noche anterior entre las montañas. Estuvieron desaseados y empapados. Pero ningún héroe, regresando de una desamparada aventura, pudo haber tenido una más cálida bienvenida por sus compañeros.

La historia fue contada y recontada en medio de gritos de deleite y exclamaciones de risas. Habían esperado por su hombre mientras él se dirigía en coche a su hogar al anochecer, tomando su estación en la cumbre de una colina empinada, donde su caballo comenzó su andar. Estaba tan forrado para soportar el frío que no pudo sacar su pistola. Lo arrastraron fuera y le dispararon una y otra vez. Había clamado por piedad. Los clamores fueron repetidos para la diversión de la logia.

—Oigamos de nuevo cómo chillaba —vociferaron.

Ninguno de ellos conocía al hombre; pero hay comedia eterna en el asesinato, y le habían demostrado a los Scowrers de Gilmerton que los hombres de Vermissa podían ser puestos bajo confianza.

Había acaecido un contratiempo; pues un hombre y su esposa conducían por allí cuando aún vaciaban sus revólveres en el cuerpo inanimado. Fue sugerido que les dispararan a ambos también; pero eran personas inofensivas que no estaban conectadas con las minas, por lo que fueron rígidamente avisados para que continuaran su camino y se quedaran callados, para que no caiga una cosa peor sobre ellos. Y así la ensangrentada figura fue dejada como una advertencia para aquellos empleadores de corazón duro, y los tres nobles vengadores se adelantaron hacia las montañas donde la intacta naturaleza se extendía hasta el límite con los caloríferos y los montones de basura. Allí estaban, sanos y salvos, con su trabajo bien hecho, y las aclamaciones de sus amigos en sus oídos.

Había sido un gran día para los Scowrers. La sombra había descendido aún más negra sobre el valle. Pero así como el sabio general escoge el momento de la victoria en el que redobla sus esfuerzos, para que así sus enemigos no tuvieran tiempo para consolidarse después de un desastre, así el jefe McGinty que veía sobre la escena completa con sus reflexivos y maliciosos ojos, había programado un nuevo ataque contra aquellos que se oponían a él. Esa misma noche, mientras la media bebida compañía rompía filas, tocó a McMurdo en el hombro y lo condujo al cuarto interior donde tuvieron su primera entrevista.

—Mira, mi muchacho —dijo—. Tengo un trabajo que por fin vale la pena para ti. Tendrás la acción de éste en tus manos.

—Estoy orgulloso de escucharlo —McMurdo contestó.

—Puedes tomar a dos hombres contigo, Manders y Reilly. Han sido informados para este servicio. Nunca estaremos apaciguados en este distrito hasta que Chester Wilcox haya sido despachado, y tendrá el agradecimiento de todas las logias en los campos carboníferos si lo puede arreglar.

—Haré mi mejor esfuerzo, de todas maneras. ¿Quién es él, y dónde podría encontrarlo?

McGinty tomó su eterno cigarro medio masticado y medio fumado de la esquina de su boca, y procedió a dibujar un burdo diagrama en una página arrancada de su cuaderno de notas.

—Es la cabeza de los capataces de la Iron Dike Company. Es un ciudadano inflexible, un viejo sargento militar de la guerra, todo cicatrices y de color gris. Hemos tenido dos atentados con él; pero fracasamos, y Jim Carnaway perdió su vida en ellos. Ahora está en ti relevarlos. Ésa es la casa, toda solitaria en los cruces de Iron Dike, lo mismo como lo ves aquí en el mapa, sin nadie al alcance del oído. No será muy fácil. Está armado y dispara rápido y al blanco, sin hacer preguntas. Pero de noche, bueno, allí está con su esposa, tres niños, y una ayuda contratada. No puedes recoger ni seleccionar. Es todo o nada. Si puedes llevar una bolsa de pólvora explosiva al frente de su puerta con una lenta mecha en ella...

—¿Qué ha hecho el hombre?

—¿No te dije que le disparó a Jim Carnaway?

—¿Por qué le disparó?

—¿Qué rayos tiene eso que ver contigo? Carnaway se dirigía a su casa, y le pegó un tiro. Eso es suficiente para mí y para ti. Tienes que acabar bien este asunto.

—Están estas dos mujeres y los niños. ¿Entran en esto también?

—Deben hacerlo, ¿de qué otra forma podemos atraparlo?

—Parece demasiado cruel con ellos; pues no han hecho nada.

—¿Qué clase de conversación de estúpidos es ésta? ¿Te arrepientes?

—¡Calma, Concejal, calma! ¿Qué he hecho alguna vez para que pueda pensar que estoy desertando de una orden del jefe del cuerpo de mi propia logia? Si está correcto o incorrecto, está en usted el decidir.

—¿Lo harás entonces?

—Por supuesto que lo haré.

—¿Cuándo?

—Bueno, debe darme mejor una noche o dos para que pueda comprobar la casa y hacer mis planes. Luego...

—Muy bien —pronunció McGinty, dándole la mano—. Te lo dejo a ti. Será un gran día cuando nos traigas las noticias. Es justo el golpe final que los dejará a todos de rodillas.

McMurdo pensó larga y profundamente en la comisión que tan precipitadamente había sido puesta en sus manos. La aislada vivienda en la cual vivía Chester Wilcox estaba a cinco millas en un valle adyacente. Esa misma noche se puso en marcha solo para preparar el atentado. Era ya de día antes de que regresase de su reconocimiento. Al día siguiente entrevistó a sus dos subordinados, Manders y Reilly, temerarios jovenzuelos que estaban tan exaltados como si fueran a una caza de ciervos.

Dos noches más tarde se reunieron fuera de la villa, los tres armados, y uno de ellos acarreando un saco atestado de la pólvora que utilizaban en las canteras. Eran las dos de la madrugada antes de que arribaran a la morada solitaria.

La noche era una de fuerte viento, con nubes deshechas llevadas rápidamente a través de la cara de la luna en tres cuartos. Habían sido advertidos de estar en atentos contra sabuesos; por lo que avanzaban prudentemente, con sus pistolas amartilladas en sus manos. Pero no había sonido alguno excepto por el aullido del viento, y ningún movimiento salvo por las ramas que se inclinaban sobre ellos. McMurdo escuchó a la puerta de la casa solitaria; pero todo estaba quieto dentro. Entonces arrimó la bolsa de pólvora contra ella, rasgó un hoyo en ella con su cuchillo, y la unió con la mecha. Cuando estuvieron bien juntadas él y sus dos compañeros corrieron tras sus talones, y estuvieron a cierta distancia, seguros y abrigados en un foso que les sirvió de refugio, antes de que el ruido potente de la explosión, con el bajo y profundo retumbo de un edificio colapsado, les dijeran que su trabajo había sido ejecutado. Ningún trabajo más limpio había sido hecho en los anales de la sociedad manchados de sangre.

¡Pero fue una pena que una labor tan bien organizada y llevada a cabo tan intrépidamente fuera toda para nada! Advertido por el destino de varias víctimas, y sabiendo que estaba señalado para la destrucción, Chester Wilcox se había trasladado con su familia justo el día anterior a unos cuarteles más seguros y menos conocidos, donde una guardia de policía los protegería. Era una casa deshabitada la que había sido despedazada por la pólvora, y el hosco viejo sargento militar de la guerra aún continuaba enseñando disciplina a los mineros de Iron Dike.

—Déjemelo a mí —manifestó McMurdo—. Él es mi hombre, y lo tendré por seguro aunque deba esperar un año por él.

Un voto de gratitud y de confianza fue puesto a buen recaudo, y por el momento el asunto finalizó. Cuando unas pocas semanas más tarde fue reportado en los periódicos que Wilcox había sido disparado en una emboscada, fue un secreto abierto el que McMurdo seguía con su trabajo más allá de su tarea inconclusa.

Tales eran los métodos de la sociedad de Freemen, y tales eran los actos de los Scowrers con los cuales propagaron su mandato del miedo sobre el grande y rico distrito que fue por tan largo periodo perseguido por su terrible presencia. ¿Por qué estas páginas deben ser manchadas con demás crímenes? ¿No he dicho lo suficiente para mostrar a los hombres y sus métodos?

Estos hechos han sido escritos en la historia, y hay registros donde uno puede leer los detalles de ellos. Ahí uno puede aprender sobre los disparos dados a los policías Hunt y Evans porque se habían atrevido a arrestar a dos miembros de la sociedad, una doble inclemencia planeada por la logia de Vermissa y realizada a sangre fría sobre dos indefensos y desarmados hombres. Ahí uno también puede leer de los tiros dados a Mrs. Larbey cuando estaba cuidando de su marido, el cual había sido golpeado casi hasta la muerte por órdenes del jefe McGinty. El homicidio del anciano Jenkins, seguido rápidamente por el de su hermano, la mutilación de James Murdoch, la voladura de la familia Staphouse, y el asesinato de los Stendal todos continuos uno tras otro en el mismo terrible invierno.

Tenebrosamente la sombra yacía sobre el Valle del Terror. La primavera había llegado con arroyos fluyentes y árboles floridos. Había una esperanza para la Naturaleza expuesta tanto tiempo por un yugo de hierro; pero en ninguna parte había esperanzas para los hombres y mujeres que vivían bajo la opresión del terror. Nunca antes la nube encima de ellos había sido más apagada y desalentadora que a comienzos del verano del año 1875.

Capítulo VI
PELIGRO

Era la cima del reino del terror. McMurdo, que ya había sido designado diácono interior, con todas las perspectivas para algún día suceder a McGinty como jefe del cuerpo, era ahora tan necesario en los congresos de sus camaradas que nada era hecho sin su ayuda y consejo. Lo más popular que se volvía, sin embargo, con los Freemen, lo más tenebrosas que eran los entrecejos que lo saludaban mientras pasaba por las calles de Vermissa. A pesar de su terror los ciudadanos estaban comenzando a tomar cartas para unirse todos juntos contra sus opresores. Ciertos rumores habían llegado a la logia de asambleas secretas en la oficina del Herald y de la distribución de armas de fuego entre la gente que obedecía la ley. Pero McGinty y sus hombres no estaban aturdidos por tales informes. Ellos eran numerosos, resolutos y bien armados. Sus oponentes estaban dispersos e impotentes. Todo terminaría, como había ocurrido en el pasado, en conversaciones sin rumbo y posiblemente en arrestos inútiles. Así decían McGinty, McMurdo, y todas aquellas almas atrevidas.

Era un sábado por la tarde en mayo. El sábado era siempre la noche de la logia, y McMurdo salía de su casa para asistir a ella cuando Morris, el hermano débil de la orden, vino a verlo. Su ceja estaba plegada con ansiedad, y su amable semblante estaba dibujado y macilento.

—¿Puedo hablar con usted abiertamente, Mr. McMurdo?

—Seguro.

—No puedo olvidar que le hablé una vez con todo mi corazón, y que se lo retuvo para usted mismo, aunque incluso el jefe por sí mismo vino a preguntarle sobre eso.

—¿Qué más pude hacer si confió en mí? No significó que coincidiera con lo que usted dijo.

—Lo sé muy bien. Pero es usted el único con el que puedo conversar y estar a salvo. Tengo un secreto aquí —colocó su mano en su pecho—, y me está consumiendo la vida. Desearía que hubiera llegado a todos menos a mí. Si se lo digo a ellos, significaría un asesinato, de seguro. Si no lo hago, podría acarrear el fin de todos nosotros. ¡Dios me ayude, pero estoy al borde de mi cordura con esto!

McMurdo observó al hombre debidamente. Le estaban temblando todos sus miembros. Vertió algo de whisky en un vaso y se lo alcanzó.

—Es la medicina para gente como usted —insinuó—. Ahora déjeme escucharlo.

Morris bebió, y su blanca fisonomía tomó un tinte de color.

—Se lo puedo decir con una sola oración —indicó—. Hay un detective tras nuestro rastro.

McMurdo clavó su mirada en él con asombro.

—Por qué, hombre, está usted loco —opinó—. ¿No está acaso el lugar lleno de policías y detectives, y qué daño nos han hecho alguna vez?

—No, no, no es un hombre de este distrito. Como usted dice, los conocemos, y es poco lo que pueden hacer. ¿Pero ha oído de los de Pinkerton?

—He oído sobre un tipo con ese nombre.

—Bueno, puedo asegurarle que no encontrará pistas de él cuando esté sobre su pista. No es un insignificante interés del gobierno. Es una certera y seria proposición de negocio la que está buscando resultados y los conservará ante todo cuando los encuentre. Si un hombre de Pinkerton está metido en este negocio, estamos todos destruidos.

—Debemos matarlo.

—¡Ah, es el primer pensamiento que le vino a usted! Será lo mismo con la logia. ¿No le dije que esto terminaría con un asesinato?

—¿Seguro, qué es matar? ¿No es una cosa muy común en estos lares?

—Lo es, ciertamente; pero no está en mí señalar al hombre que será liquidado. No descansaría reposadamente de nuevo. Y no obstante son nuestros cuellos los que están en juego. ¿En el nombre de Dios qué debo hacer? —se balanceó hacia delante y atrás en la angustia de su indecisión.

Pero sus palabras habían inquietado a McMurdo hondamente. Era fácil ver que compartía la opinión del otro en cuanto al peligro, y la necesidad de ser presentado. Cogió el hombro de Morris y lo sacudió en su buena fe.

—Vea, hombre —prorrumpió, y casi chilló sus palabras en su excitación—, no ganará nada sentándose acuciosamente como una vieja esposa en un velatorio. Consideremos los hechos. ¿Quién es el tipo? ¿Dónde está? ¿Cómo oyó sobre él?

—Vine a usted; pues usted es el único hombre que me sugeriría. Le dije que tenía una tienda en el este antes de venir aquí. Dejé a buenos amigos detrás de mí, y uno de ellos está en el servicio de telégrafos. Aquí hay una carta que recibí de él ayer. Es esta parte en la parte de arriba de la página. Puede leerla usted mismo.

Esto fue lo que McMurdo leyó:

"¿Cómo van los Scowrers por esas partes? Leemos mucho de ellos en los periódicos. Entre tú y yo espero oír noticias de ti dentro de muy poco. Cinco grandes corporaciones y dos compañías de ferrocarriles han cogido el asunto con absoluta gravedad. ¡De verdad lo van a hacer, y puedes apostar a que llegarán hasta el fondo! Están justo en lo más profundo de ello. Pinkerton ha tomado sus órdenes, y su mejor hombre, Birdy Edwards, está operando. El asunto debe ser resuelto ahora mismo."

—Ahora lea la postdata.

"Por supuesto, lo que te digo es lo que he aprendido en el negocio; por lo que no va más lejos. Es una rara clave la que se maneja por la oficina cada día y no se puede conseguir información de ella."

McMurdo se sentó en silencio por algún tiempo, con la carta en sus desatendidas manos. La niebla se había despejado por un momento, y había un abismo ante él.

—¿Alguien más conoce de esto? —interrogó.

—No le he dicho a nadie más.

—¿Pero este hombre, su amigo, no tiene otra persona a la que sería posible que le escribiera?

—Bueno, me atrevería a decir que conoce a uno o dos más.

—¿De la logia?

—Es muy probable.

—Preguntaba porque es verosímil que haya dado alguna descripción de este tipo, Birdy Edwards, para que podemos ir tras su rastro.

—Bueno, es viable. Pero no creo que lo conozca. Solamente me está refiriendo las noticias que vinieron a él en materia de negocios. ¿Cómo podría conocer a este hombre de Pinkerton?

McMurdo dio un impetuoso respingo.

—¡Por Dios! —gritó—. Ya lo tengo. Qué tonto he sido para no advertirlo. ¡Señor! ¡Pero tenemos suerte! Lo arreglaremos antes de que pueda hacer algún daño. Vea, Morris, ¿dejaría esto en mis manos?

—De hecho, se lo agradecería si lo quitara de las mías.

—Lo haré. Puede dar un paso atrás y yo correré con ello. Incluso su nombre no necesitará ser mencionado. Lo tomaré todo para mí mismo, como si esta carta haya venido para mí. ¿Eso lo contentaría?

—Es justo lo que le pediría.

—Entonces déjelo y manténgase callado. Ahora iré donde la logia, y pronto haremos que el viejo Pinkerton se disculpe por sí mismo.

—¿No matará a este hombre?

—Lo menos que sepa, amigo Morris, lo más tranquila que estará su conciencia, y dormirá de mejor manera. No pregunte, y deje que estas cosas se arreglen por sí solas. Tengo esto ahora.

Morris meneó su cabeza tristemente mientras se retiraba.

—Siento que su sangre está en mis manos —gimió.

—La auto-protección no es asesinato, de todas formas —expresó McMurdo sonriendo ásperamente—. Es él o nosotros. Me imagino que este hombre nos destruiría a todos si lo dejamos andar por este valle. Por qué, Hermano Morris, tendremos que elegirlo como jefe del cuerpo ya; pues innegablemente ha salvado a la logia.

Y sin embargo era claro por sus acciones que pensaba más seriamente sobre este nuevo delito que lo que sus palabras podían expresar. Pudo haber sido su conciencia culpable, pudo haber sido la reputación de la organización de Pinkerton, pudo haber sido el entendimiento de que grandes y ricas corporaciones se habían dado la tarea de barrer con los Scowrers; pero, cualquiera que sea su razón, sus acciones fueron las de un hombre que se preparaba para lo peor. Todo papel que lo hubiera incriminado fue destruido antes de abandonar su morada. Tras ello dio un largo suspiro de satisfacción; pues le pareció que estaba a salvo. Y aún así el peligro debía aún estar presionando sobre él; pues en su camino a la logia se detuvo en la pensión del viejo Shafter. La vivienda estaba prohibida para él; pero cuando golpeteó la ventana Ettie salió de ella. La danzante travesura irlandesa se había apartado de los ojos de su amado. Leyó peligro en su grave rostro.

—¡Algo ha sucedido! —exclamó— ¡Oh, Jack, estás en peligro!

—Seguro, no es muy malo, mi corazón. Pero sería sabio que hiciéramos un movimiento antes de que sea peor.

—¿Hacer un movimiento?

—Te prometí una vez que me iría algún día. Creo que el tiempo se está aproximando. Tuve noticias esta noche, malas noticias, y veo peligro cercano.

—¿La policía?

—Bueno, un hombre de Pinkerton. Pero, ciertamente, no sabrías lo que es, acushla, ni tampoco lo que significa para tipos como yo. Estoy hasta el cuello en esto, y puedo tener que irme rápido. Dijiste que vendrías conmigo si me marchaba.

—¡Oh, Jack, sería tu salvación!

—Soy un hombre honesto en algunas cosas, Ettie. No dañaría ni un cabello de tu linda cabeza por todo lo que el mundo me pueda dar, ni tampoco empujarte una pulgada del trono dorado encima de las nubes donde siempre te veo. ¿Confiarías en mí?

Ella colocó su mano sobre la suya sin decir una palabra.

—Bueno, entonces, presta atención a lo que te digo, y haz como te ordene; pues en todo caso es el único rumbo que nos queda. Algunas cosas van a suceder en este valle. Lo siento en mis huesos. Podría haber muchos que nos buscarán. Soy uno, de todas maneras. ¡Si voy, de día o de noche, eres tú la que debe venir conmigo!

—Iría después de ti, Jack.

—No, no, deberás venir conmigo. ¿Si este valle estuviera cerrado para mí y nunca pudiera regresar, cómo te podría dejar atrás, y conmigo posiblemente escondiéndome de la policía sin ninguna posibilidad de hacerte llegar un mensaje? Es conmigo con quien debes venir. Conozco a una buena mujer en el lugar de donde vengo, y es allí donde te dejaría hasta que estemos casados. ¿Vendrás?

—Sí, Jack, iré.

—¡Dios te bendiga por la confianza que tienes en mí! Sería un demonio infernal si abusara de ella. Ahora, te aviso, Ettie, sólo será un mensaje dirigido a ti, y cuando te llegue dejarás todo y vendrás directo a la antesala del depósito y te quedarás allí hasta que llegue por ti.

—De día o de noche, acudiré al mensaje, Jack.

Algo tranquilizado en su mente, ahora que sus preparativos para escapar habían comenzado, McMurdo se encaminó a la logia. Ya se había reunido, y solamente con complicadas señas y contraseñas pudo pasar la guardia exterior y la guardia interior que la rodeaban. Un susurro de complacencia y bienvenida lo acogió mientras entraba. El gran aposento estaba amontonado, y por la bruma de humo de tabaco vio la enredada melena negra del jefe del cuerpo, los rasgos crueles y nada amigables de Baldwin, la cara de buitre de Harraway, el secretario, y una docena más quienes estaban entre los líderes de la logia. Se regocijó con la idea de que todos tomarían consejo ante sus noticias.

—¡De hecho, estamos felices de verlo, hermano! —profirió el presidente—. Hay un oficio aquí que necesita de un Salomón en el juicio para convenirlo bien.

—Son Lander y Egan —le explicó su vecino mientras tomaba asiento—. Ambos claman la mayor paga dada por la logia por las descargas dadas al viejo Crabbe en Stylestown y ¿quién dirá quién fue el que disparó la bala?

McMurdo se irguió en su lugar y levantó la mano. La expresión de su talante congeló la atención de la audiencia. Hubo un silencio sepulcral de curiosidad.

—Eminente jefe del cuerpo —soltó, en una voz solemne—. ¡Reclamo urgencia!

—El Hermano McMurdo reclama urgencia —señaló McGinty—. Es un reclamo que según las reglas de la logia toma primacía. Ahora, hermano, lo escuchamos.

McMurdo sacó la carta de su bolsillo.

—Eminente jefe del cuerpo y hermanos —pronunció—, soy el portador de malas noticias este día; pero es mejor que sea divulgado y discutido, a que un golpe nos caiga sobre nosotros sin advertencia lo que nos destruiría a todos. Tengo información de que las más poderosas y pudientes organizaciones en este estado se han unido para nuestra destrucción, y que en este mismo instante hay un detective de Pinkerton, un tal Birdy Edwards, trabajando en el valle recolectando la evidencia que podría poner una soga alrededor de los cuellos de muchos de nosotros, y enviar a todos los hombres de esta habitación a una celda para criminales. Este es la escenario para la discusión por la cual he hecho un reclamo de urgencia.

Hubo un silencio lúgubre en la estancia. Fue roto por el presidente.

—¿Cuál es su evidencia para esto, Hermano McMurdo? —formuló.

—Es esta carta que ha llegado a mis manos —indicó McMurdo. Leyó el pasaje en voz alta—. Es un asunto de honor conmigo el que no dé referencias más particulares sobre esta misiva, ni ponerla en sus manos; pero les aseguro que no hay nada más en ella que afecte a los intereses de la logia. Coloco el caso ante ustedes tal y como me llegó a mí.

—Déjeme decirle, señor presidente —manifestó uno de los hermanos de más edad—, que he oído de Birdy Edwards, y que tiene la reputación de ser el mejor hombre al servicio de Pinkerton.

—¿Alguien lo conoce de vista? —consultó McGinty.

—Sí —respondió McMurdo—, yo lo conozco.

Hubo un mascullo de sorpresa en todo el salón.

—Me parece que lo tenemos entre nuestras manos —prosiguió con una satisfactoria sonrisa en su expresión—. Si procedemos rápida y sabiamente, podremos frenar esto de una vez por todas. Si tengo su confianza y su ayuda, es poco lo que debemos temer.

—¿Qué debemos temer, de cualquier manera? ¿Qué puede saber de nuestras acciones?

—Podría decir eso si todos fueran tan leales como usted, Concejal. Pero este hombre tiene todos los millones de los capitalistas a sus espaldas. ¿Piensa que pueda haber un hermano débil entre todas nuestras logias que no pueda ser comprado? Se metería en nuestros secretos, tal vez ya los tiene. Solamente hay una posible cura.

—Que nunca salga del valle —dijo Baldwin.

McMurdo asintió.

—Bien para usted, Hermano Baldwin —apuntó—. Usted y yo tenemos nuestras diferencias, pero ha dicho la palabra exacta esta noche.

—¿Dónde está él, entonces? ¿Dónde lo podríamos encontrar?

—Eminente jefe del cuerpo —refirió McMurdo con reserva—, les diría a todos que esto es un asunto demasiado vital para discutirlo ante toda la logia. Dios me perdone que tenga dudas sobre alguien aquí; pero si algún comentario llega a los oídos de este hombre; acabaría las oportunidad para cogerlo. Pediré a la logia nombrar un comité honesto, señor presidente, usted, si se me permite sugerirlo, y el Hermano Baldwin aquí, y cinco más. Entonces podré hablar con libertad de lo que sé y de lo que aconsejo que sea hecho.

La proposición fue adoptada de inmediato, y el comité fue designado. Además del presidente y Baldwin estaba el secretario con cara de buitre, Harraway, el Tigre Cormac, el brutal joven asesino, Carter, el tesorero, y los hermanos Willaby, indómitos y arriesgados hombres que no se inmutarían ante nada.

El usual alboroto de la logia fue corto y reprimido; pues había una nube en los espíritus de los hombres, y varios allí por primera vez empezaron a ver la nube de la Ley vengadora viajando en el cielo sereno bajo el cual habían vivido por tanto tiempo. Los horrores que habían inspirado a los demás se habían vuelto parte de sus acondicionadas vidas tanto que el pensamiento de una retribución era uno muy remoto, y así aparecía el sobresalto que se acercaba más a ellos. Se fueron tempranamente y dejaron a sus líderes en su asamblea.

—¡Ahora, McMurdo! —exclamó McGinty cuando estuvieron solos. Los siete hombres se sentaron detenidamente en sus sitios.

—Acabo de decir que conozco a Birdy Edwards —McMurdo reveló—. No necesito decirles que no está con ese nombre. Es un hombre valiente, pero no uno loco. Se hace pasar por el nombre de Steve Wilson, y se está hospedando en Hobson's Patch.

—¿Cómo sabe eso?

—Porque una vez caí en conversación con él. No le di mucha importancia en ese instante, ni lo hubiera pensado por segunda vez sino fuera por esta carta; pero ahora estoy seguro que es el hombre. Lo encontré en los carruajes cuando descendía por la línea el miércoles, un difícil encuentro si alguna vez hubo uno. Dijo que era un reportero. Se lo creí por el momento. Quería saber todo lo que podía sobre los Scowrers y lo que llamaba "las atrocidades" en un periódico de Nueva York. Me preguntó toda clase de cuestiones como para sacarme algo. Pueden apostar a que no dije nada. "Pagaré por ello y pagaré bien," dijo "si puedo obtener algún artículo que convenza a mi editor." Le dije lo que pensé que le gustaría, y me dio un billete de veinte dólares por mi información. "Hay diez veces más para usted," alegó "si me puede encontrar todo lo que quiero."

—¿Qué le dijo, entonces?

—Cualquier cosa que pude concebir.

—¿Cómo sabe que no era un periodista?

—Les diré. Se retiró a Hobson's Patch, y lo mismo hice yo. De casualidad fui a la oficina de telégrafos y lo vi saliendo de allí. "Vea," señaló el operador después que se hubo ido "me parece que deberíamos cobrar doble tarifa por esto." "Me parece que debería hacerlo" respondí. Había llenado el formulario con letras que bien pudieron haber sido chino, de todo lo que logramos sacar. "Envía una hoja así todos los días" refirió el empleado. "Sí" respondí; "son noticias especiales para su diario, y está asustado de que los otros lo puedan sabotear." Eso fue lo que el operador pensó y lo que pensé en ese momento; pero ahora es diferente.

—¡Por Dios! Creo que estás en lo correcto —gruñó McGinty—. ¿Pero qué crees que deberíamos hacer con ello?

—¿Por qué no vamos de frente y nos las arreglamos con él? —alguien sugirió.

—Sí, mientras más pronto será mejor.

—Empezaría este mismo minuto si supiera dónde encontrarlo —dictó McMurdo—. Está en Hobson's Patch; pero no conozco la casa. Tengo un plan, no obstante, si siguieran mi consejo.

—Bien, ¿cuál es?

—Iré a Patch mañana en la mañana. Lo rastrearé a través de operador. Él lo puede localizar, supongo. Bien, entonces le diré que yo mismo soy un Freeman. Le ofreceré todos los secretos de la logia por un precio. Pueden asegurar que se lo tragará. Le diré que los papeles están en mi morada, y que sería todo lo que valdría mi vida dejarle ir mientras los muchachos estén cerca. Verá que es un práctico sentido común. Le diré que venga a las diez de la noche y que podrá ver todo. Eso lo atraerá de seguro.

—¿Bueno?

—Pueden decidir el resto ustedes mismos. La pensión de la viuda MacNamara es una casa solitaria. Ella es tan constante como el acero y tan sorda como un poste. Sólo estamos Scanlan y yo en la morada. Si obtengo su promesa, y les haré saber si lo hago, los tendré a ustedes siete conmigo a las nueve en punto. Lo cogeremos. ¡Si logra salir con vida, bueno, podremos hablar de la suerte de Birdy Edwards por el resto de sus días!

—Habrá un vacío en la oficina de Pinkerton o me equivoco. Déjalo así, McMurdo. A las nueve mañana estaremos contigo. Una vez que cierres la puerta tras él, puedes dejarnos el resto.

Capítulo VII
LA CAPTURA DE BIRDY EDWARDS

Como McMurdo había dicho la vivienda donde habitaba era una solitaria y muy apropiada para el crimen que habían planeado. Estaba en el fleco extremo de la villa y permanecía de espaldas a la carretera. En cualquier otro caso los conspiradores simplemente llamaban a su hombre, como habían hecho varias veces antes, y vaciaban sus pistolas en su cuerpo; pero en esa circunstancia era muy necesario descubrir cuánto sabía, cómo lo sabía, y qué había sido informado a sus empleadores.

Era posible que llegaran demasiado tarde y que el trabajo ya haya sido hecho. Si ése era el caso, por lo menos tendrían su venganza con el hombre que lo había hecho. Pero estaban esperanzados en que nada de gran importancia había llegado al conocimiento del detective, o de otra forma, debatían, no se habría molestado en escribir toda esa trivial información que McMurdo afirmaba haberle dado. Sin embargo, todo esto lo sabrían de sus propios labios. Una vez en su poder, encontrarían la manera de hacerlo hablar. No era la primera vez que habían manejado a un testigo renuente.

McMurdo se encaminó a Hobson's Patch como fue acordado. La policía parecía haber tomado un especial interés en él esa mañana, y el capitán Marvin, aquél que había mencionado su viejo conocimiento mutuo con él en Chicago, le dirigió la palabra mientras esperaba en la estación. McMurdo se despidió de él y se rehusó a hablar con él. Estaba de vuelta de su misión en la tarde, y se encontró con McGinty en la Union House.

—Él va a venir —declaró.

—¡Bien! —opinó McGinty.

El gigante estaba con su camisa con mangas, con cadenas y sellos fulgurando a través de su amplio chaleco y un diamante destellando por los lados de su erizada barba. La bebida y la política habían hecho al jefe un hombre tan rico como poderoso. Lo más terrible, por lo tanto, parecía ser esa visión de la prisión o la horca que se le habían figurado la noche anterior.

—¿Presumes que sepa bastante? —formuló ansiosamente.

McMurdo sacudió su cabeza sombríamente.

—Ha estado a aquí algún tiempo, seis semanas por lo menos. Creo que no vino a estas partes para ver el panorama. Si ha estado trabajando entre nosotros ese tiempo con el dinero de las compañías ferrocarrileras a sus espaldas, supongo que ha obtenido resultados, y que se los ha enviado.

—No hay ni un hombre débil en la logia —vociferó McGinty—. Leales como el acero, todos ellos. ¡Y aún así, por el Señor! Está ese canalla de Morris. ¿Qué hay sobre él? Si algún hombre nos delata, sería él. He pensado en enviar un par de los muchachos antes de la noche para darle una paliza y ver qué le pueden sacar.

—Bien, no habría daño alguno en ello —contestó McMurdo—. No negaré que tengo una simpatía por Morris y lamentaría que lo golpearan. Me ha comentado una o dos veces sobre problemas de la logia, y aunque no se parezca a usted o a mí, no me parece ser de la clase que delate. Pero nuevamente no es para mí el entrometerme entre él y usted.

—¡Le daré su merecido al viejo diablo! —pronunció McGinty con un juramento—. He tenido puesto mi ojo en él todo este año.

—Bueno, usted sabe más sobre eso —respondió McMurdo—. Pero lo que sea que haga debe hacerlo mañana; pues debemos permanecer por lo bajo hasta que este asunto de Pinkerton esté resuelto. No debemos lograr que la policía esté husmeando, hoy más que todos los días.

—Tienes razón —mencionó McGinty—. Y obtendremos del mismo Birdy Edwards de dónde obtuvo sus noticias aunque tengamos que despedazar su corazón antes. ¿Él pareció presentir una trampa?

McMurdo se rió.

—Creo que lo agarré en su punto débil —dijo—. Si pudo seguir tan bien el rastro de los Scowrers, está listo para seguirlo hasta el infierno. Tomé su dinero —McMurdo esbozó una sonrisa maliciosa a la par que sacaba un manojo de dólares en billetes—, y conseguiré más cuando él haya visto todos mis papeles.

—¿Qué papeles?

—Bueno, no hay papeles. Pero lo llené de palabras sobre constituciones y libros de reglas y formularios de membresía. Él espera llegar hasta el fondo de todo antes de irse.

—Tengamos fe, él estará justo ahí —afirmó McGinty rudamente—. ¿No te preguntó por qué no le llevaste los papeles?

—Como si yo fuera a cargar tales cosas, y yo siendo un hombre sospechoso, y el capitán Marvin tras de mí hablándome el mismo día en el depósito.

—Sí, escuché sobre eso —insinuó McGinty—. Me imagino que lo más pesado de este negocio está recayendo en ti. Lo podríamos poner en un viejo respiradero cuando hayamos terminado con él; pero como sea que trabajemos no podremos ocultar el hecho de que el hombre esté viviendo en Hobson's Patch y tú hayas estado allí hoy.

McMurdo se encogió de hombros.

—Si lo manejamos bien, nunca podrán probar el homicidio —reconoció—. Nadie lo podrá ver ir a la casa después del anochecer, y yo me encargaré de que nadie lo vea salir. Ahora vea, Concejal, le enseñaré mi plan y le pediré que meta a los demás en esto. Todos vendrán a la hora prevista. Muy bien. Él llega a las diez. Golpeará tres veces la puerta, y yo se la abriré. Entonces me pondré detrás de él y la cerraré. Será nuestro hombre entonces.

—Es todo fácil y simple.

—Sí; pero el siguiente paso requiere consideración. Es un difícil blanco. Está fuertemente armado. He jugado con él debidamente, y parece estar bien en guardia. Presuma que lo meto dentro de un cuarto con siete hombres en él cuando esperaba encontrarme solo. Va a haber un tiroteo, y alguien resultará herido.

—Así es.

—Y el ruido traerá a todos los malditos policías del municipio al lugar.

—Creo que está en lo correcto.

—Así es como procederé. Todos ustedes estarán en el gran aposento, el mismo que vio cuando tuvo una conversación conmigo. Le abriré la puerta, lo llevaré por el salón más allá de la puerta, y lo dejaré allí a la par que busco los papeles. Eso me dará la ocasión de decirle cómo están sucediendo las cosas. Entonces regresaré con él con algunos papeles falsificados. Mientras esté leyendo saltaré sobre él y sujetaré el brazo con el que agarraría su pistola. Me oirán llamarlos y ustedes se apresurarán dentro. Cuanto más rápido mejor; pues es un hombre tan fuerte como yo, y puede ser que yo tenga más de lo que pueda contener. Pero les garantizo que lo detendré hasta que hayan llegado.

—Es un buen plan —enunció McGinty—. La logia le estará en deuda después de esto. Creo que cuando me mueva de esta presidencia ya podré poner el nombre del hombre que viene después de mí.

—Seguro, Concejal, soy poco más que un recluta —aseguró McMurdo; pero su semblante demostraba lo que pensaba del cumplido del gran hombre.

Cuando hubo retornado a su hogar hizo sus propias preparaciones para la dificil noche que estaba ante él. Primero se aseó, aceitó, y cargó su revólver Smith & Wesson. Luego examinó la estancia en la que el detective iba a ser atrapado. Era un extenso apartamento, con una extensa mesa en el centro, y la gran estufa a un lado. A cada uno de los demás flancos había ventanas. No había postigos en ésas; sólo delgadas cortinas que las cubrían a través. McMurdo las examinó atentamente. Sin duda le debe haber impactado que el cuarto sea muy expuesto para una reunión tan secreta. Aún así su distancia de la carretera la hacía de menos consecuencias. Finalmente discutió el problema con su amigo inquilino, Scanlan, aunque era un Scowrer, era un inofensivo hombrecito que era demasiado débil para estar en contra de la opinión de sus camaradas, estaba moderadamente horrorizado por los actos sangrientos a los que ciertas veces había sido forzado a asistir. McMurdo le contó escasamente lo que procuraba hacer.

—Y si yo fuera tú, Mike Scanlan. Me pasaría la noche fuera para salir de esto. Habrá un trabajo sangriento aquí antes de la mañana.

—Bueno, así será, Mac —respondió Scanlan—. No es la voluntad sino los nervios lo que me estremecen. Cuando vi al gerente Dunn morir en aquellas hulleras fue más de lo que pude soportar. No estoy hecho para esto, no como tú o McGinty. Si la logia pensara lo peor de mí, únicamente haría como me aconsejaste y los dejaría a ustedes esta noche.

Los hombres llegaron a la hora acordada. Eran aparentemente ciudadanos respetables, bien vestidos y limpios; pero un juez de rostros habría leído muy poca esperanza para Birdy Edwards en esas tiesas bocas y crueles ojos. No había hombre en la habitación cuyas manos no se hayan enrojecido una docena de veces antes. Estaban tan robustecidos con respecto al homicidio como un carnicero con las ovejas.

Primero, por supuesto, tanto en apariencia como en delito, estaba el formidable jefe. Harraway, el secretario, era un hombre enjuto y severo con un cuello largo y descarnado y nerviosas y defectuosas extremidades, un hombre de fidelidad incorruptible donde incumbían las finanzas de la orden, y sin ninguna noción de justicia u honestidad a nadie más allá de eso. El tesorero, Carter, era un tipo de mediana edad, con una expresión impasible, mejor dicho malhumorada, y una piel amarillo pergamino. Era un organizador capaz, y los propios pormenores de casi todas las barbaries habían salido de su cerebro conspirador. Los dos Willaby eran hombres de acción, muchachos altos y delgados con talantes determinados, a la vez que su compañía, el Tigre Cormac, un fuerte y atezado joven, era temido incluso por sus propios camaradas por la brutalidad de su destreza. Estos eran los hombres que se reunieron aquella noche bajo el techo de McMurdo para matar al detective de Pinkerton. Su anfitrión había colocado whisky sobre la mesa, y se habían apresurado a prepararse para el oficio que tenían por delante. Baldwin y Cormac ya estaban medio borrachos, y el licor había sacado toda su violencia. Cormac puso sus manos en la estufa por un instante, había sido encendida, pues las noches aún eran frías.

—Esto lo hará —comentó, con un juramento.

—Sí —expresó Baldwin entendiendo su significado—. Si es atado a eso, tendremos la pura verdad de él.

—Tendremos la verdad de él, no teman —articuló McMurdo. Tenía nervios de acero, este hombre; pues aunque todo el peso del asunto estaba en él sus modales estaban tan relajados e indiferentes como siempre. Los demás lo advirtieron y lo aclamaron.

—Serás tú el que lo distraiga —afirmó el jefe en tono aprobatorio—. Ninguna advertencia tendrá hasta que tu mano esté en su garganta. Es una pena que no halla postigos en las ventanas.

McMurdo se encaminó hacia una y otra y las cerró más herméticamente.

—Ahora nadie puede ya espiarnos. La hora se acerca.

—Tal vez no vendrá. Tal vez tuvo un presentimiento de peligro —dijo el secretario.

—El vendrá, no teman —replicó McMurdo—. Está tan ansioso por venir como ustedes lo están por verlo. ¡No olviden eso!

Todos se sentaron como figuras de cera, algunos con sus anteojos arrastrados a medio camino de sus labios. Tres fuertes golpes sonaron en la puerta.

—¡Silencio! —McMurdo levantó su mano para indicar precaución. Una exultante mirada pasó alrededor de aquel círculo, y las manos fueron colocadas en las armas escondidas.

—¡Ni un solo sonido, por sus vidas! —musitó McMurdo, mientras salía del cuarto, cerrando la puerta cuidadosamente detrás de él.

Con los oídos atentos esperaron los asesinos. Contaron los pasos de su compañero por el pasillo. Lo escucharon abrir la puerta exterior. Hubo pocas palabras bienvenida. Entonces se percataron de unas extrañas pisadas dentro y de una voz no familiar. Un instante después vino el portazo y la vuelta de la llave en el cerrojo. Su presa estaba a salvo dentro de la trampa. El Tigre Cormac se rió horriblemente, y el jefe McGinty cerró su boca con su gran mano.

—¡Estate quieto, idiota! —murmuró— ¡Lo echarás a perder todo!

Hubo una conversación en susurro en la habitación contigua. Parecía ser ininteligible. Entonces la puerta se abrió, y McMurdo apareció, con su dedo sobre sus labios.

Fue hasta el final de la mesa y los miró a todos. Un sutil cambio le había surgido. Sus maneras eran las de alguien que tenía un gran trabajo por hacer. Su semblante se había consolidado como el granito. Sus ojos brillaban con una furiosa excitación detrás de sus lentes. Se había transformado en un líder visible de hombres. Clavaron su mirada en él con apremiante interés, pero no dijo nada. En cambio con la misma mirada observó a cada uno de los hombres.

—¡Bueno! —gritó McGinty por fin—. ¿Está aquí? ¿Está Birdy Edwards aquí?

—Sí —McMurdo respondió lentamente—. Birdy Edwards está aquí. ¡Yo soy Birdy Edwards!

Transcurrieron diez segundos luego de esa breve conversación durante el cual el aposento parecía estar vacío, pues tan profundo era el silencio. El siseo de una caldera sobre la estufa se agudizó y se volvió estridente para el oído. Siete rostros pálidos, todos dirigidos a este hombre que los dominaba, estaban inmóviles de absoluto terror. Entonces, con un súbito rompimiento de cristales, una gran cantidad de resplandecientes cañones de rifle penetraron a través de cada ventana, a la par que las cortinas eran apartadas de sus pendientes.

Ante esa visión el jefe McGinty dio un rugido de oso herido y se arrojó a la puerta semiabierta. Un revólver apuntado lo encontró con los decididos ojos azules del capitán Marvin de la Policía Minera centelleando detrás de él. El jefe retrocedió y cayó en su silla.

—Estará más seguro allí, Concejal —reconoció el hombre que habían conocido como McMurdo—. Y usted, Baldwin, si no retira su mano de su pistola, le ahorrará un trabajo al verdugo. Sáquela, o por el Señor que me hizo... así, eso está bien. Hay cuarenta hombres armados en torno a esta casa, y se pueden figurar por ustedes mismos qué oportunidades tienen. ¡Coja sus pistolas, Marvin!

No había posible resistencia bajo la amenaza de esos rifles. Los hombres fueron desarmados. Hoscos, tímidos, y sorprendidos, todavía estaban sentados alrededor de la mesa.

—Me gustaría decirles unas palabras antes que nos separemos —mencionó el hombre que los había entrampado—. Me parece que no nos volveremos a ver de nuevo hasta que me vean comparecer en el tribunal. Les daré algo para que piensen por un largo tiempo. Me conocen ahora por lo que soy. Por lo menos puedo poner mis cartas sobre la mesa. Soy Birdy Edwards de la oficina de Pinkerton. Fui escogido para desarticular su banda. Tenía un juego difícil y peligroso ante mí. Ni un alma, ni una sola alma, ni siquiera mis más cercanos o más queridos, sabían que lo estaba jugando. Sólo el capitán Marvin aquí y mis empleadores lo sabían. ¡Pero ha concluido esta noche, gracias a Dios, y yo soy el ganador!

Las siete pálidas caras rígidas lo observaron. Había un odio inimaginable en sus ojos. Él leyó la inclemente amenaza.

—Tal vez piensen que el juego no ha terminado aún. Bueno, acepto mis riesgos por eso. De cualquier forma, algunos de ustedes dejarán de respirar, y hay sesenta además de ustedes que verán la cárcel esta noche. Les diré esto, que cuando fui puesto en este trabajo nunca creí que hubiera una sociedad tal como la suya. Pensé que eran habladurías de los periódicos, y que lo probaría por mí mismo. Me dijeron que tenía que ver con los Freemen; por lo que fui a Chicago y me hice uno. Entonces estuve más seguro que nunca que no eran más que exageraciones de los diarios; pues no encontré daño alguno en la sociedad, sino una comunidad caritativa.

Aún así, debía proseguir con mi trabajo, y me vine a los valles del carbón. Cuando llegué a este lugar aprendí que estaba errado y que no era una novela barata después de todo. Por lo que me quedé para vigilarla. Nunca maté a un hombre en Chicago. Jamás forjé un dólar en mi vida. Aquellos que les di eran tan buenos como los otros; pero ninguna vez empleé el dinero de mejor forma. Pero conocía el camino para obtener su buena voluntad, por lo que pretendí que la ley estaba detrás de mí. Todo funcionó como lo concebí.

Así que me uní a su logia infernal, y participé en sus concilios. Tal vez puedan decir que eran tan perverso como ustedes. Pueden decir lo que quieran, siempre y cuando los atrape. ¿Pero cuál es la verdad? La noche que fui con ustedes a golpear al viejo Stanger, no le pude advertir, pues no hubo tiempo; pero detuve su mano, Baldwin, cuando lo podría haber matado. Si alguna vez sugería cosas, para mantener mi lugar entre ustedes, eran cosas que sabía que podía prevenir. No pude salvar a Dunn ni a Menzies, pues no conocía lo suficiente; pero veré que sus asesinos sean colgados. Le di a Chester Wilcox una advertencia, para que así cuando volara su casa, él y su compañía estuvieran escondidos. Hubo varios crímenes que no pude detener; pero si miran hacia atrás y piensan cuán seguido su hombre iba a su vivienda por otro camino, o estaba en medio del pueblo cuando iban por él, o se quedaba dentro de la pensión cuando pensaban que iba a salir, podrán ver mi trabajo.

—¡Tú maldito traidor! —silbó McGinty a través de sus dientes cerrados.

—Sí, John McGinty, puede llamarme así si eso calma su aflicción. Usted y los de su tipo han sido los enemigos de Dios y el hombre en estos lares. Se necesitó a un hombre para introducirse entre ustedes y los pobres diablos de hombres y mujeres que mantenían bajo su yugo. Solamente había una manera de hacerlo, y yo lo hice. Ustedes me llamarán traidor; pero creo que hay miles que me denominarán un libertador que se fue hasta el mismo infierno para salvarlos. He aguantado tres meses de esto. No pasaría otros tres meses así nuevamente aunque me soltaran el tesoro de Washington por ello. Debía quedarme en ello hasta que lo tuviera todo, todos los hombres y todos los secretos en mi mano. Hubiera esperado un poco más sino hubiera venido a mi conocimiento que mi secreto estaba a punto de salir. Una carta había llegado a la villa que los hubiera alertado a todos. Entonces tuve que actuar y actuar rápidamente.

No tengo más que decirles, excepto que cuando mi hora llegue moriré más tranquilamente cuando piense en la labor que hice en este valle. Ahora, Marvin, ya no le detengo más. Lléveselos y termine con esto.

Hay un poco más que contar. A Scanlan le había llegado una nota sellada para ser dejada en la dirección de miss Ettie Shafter, una misión que aceptó con un guiño y una sonrisa entendida. En las tempranas horas de la mañana una hermosa mujer y un hombre bastante apagado abordaron un tren especial que había sido enviado por la compañía ferrocarrilera, e hicieron un rápido e ininterrumpido viaje fuera de la tierra del peligro. Era la última vez que tanto Ettie o su amado pusieron sus pies en el Valle del Terror. Diez días después se casaron en Chicago, con el viejo Jacob Shafter como testigo en su boda.

El juicio de los Scowrers fue llevado a cabo lejos del lugar donde sus seguidores hubieran podido aterrorizar a los guardianes de la ley. En balde se resistieron. En balde el dinero de la logia, dinero exprimido por medio de chantajes a todos los habitantes del campo, fue desperdiciado como agua en el intento para salvarlos. Esa fría, clara, desalmada declaración de alguien que conocía cada detalle de sus vidas, su organización, y sus crímenes fue firme ante todas las tretas de sus defensores. Por fin tras muchos años fueron deshechos y esparcidos. La nube fue levantada para siempre del valle.

McGinty encontró su suerte sobre el cadalso, arrastrándose y gimiendo cuando su última hora llegó. Ocho de sus seguidores principales compartieron su destino. Cincuenta de ellos tuvieron distintos grados de prisión. El trabajo de Birdy Edwards estaba completo.

Y aún así, como imaginó, el asunto no había terminado todavía. Había otra mano que iba a ser jugada, y otra y otra. Ted Baldwin, por ejemplo, escapó de la horca; así como también los Willaby; y también varios otros de los más bestiales espíritus de la logia. Por diez años estuvieron fuera del mundo, y luego llegó el día cuando estuvieron libres nuevamente, un día en el que Edwards, que conocía a esos hombres, estaba seguro que sería el final de su vida en paz. Habían jurado una promesa por todo lo que creían sagrado de tener su sangre como venganza por sus camaradas. ¡Y se esforzaron muy bien para mantener su voto!

Desde Chicago fue perseguido, tras dos intentos tan cercanos al éxito que era seguro que el tercero lo acabaría. De Chicago fue con un nombre cambiado a California, y fue allí cuando la luz se disipó por un tiempo de su vida cuando Ettie Edwards falleció. De nuevo fue casi asesinado, y nuevamente bajo el nombre de Douglas trabajó en un solitario cañón, donde con un compañero inglés llamado Barker amasó una fortuna. Por lo menos le llegó una advertencia que sus sabuesos estaban bajo su pista una vez más, y se marchó, justo a tiempo, a Inglaterra. Y de allí vino el John Douglas que por segunda vez se casó con una valiosa esposa, y vivió por cinco años como un caballero del condado de Sussex, una vida que terminó en los extraños sucesos que hemos escuchado.

EPÍLOGO

El juicio de la policía aconteció, en el cual el caso de John Douglas fue referido a una corte superior. Así hicieron las sesiones trimestrales, en la cuales fue absuelto por haber procedido en defensa propia.

"Lléveselo de Inglaterra a cualquier costo," escribió Holmes a la cónyuge. "Hay fuerzas aquí que pueden ser más peligrosas que aquellas de las que ha escapado. No hay seguridad para su marido en Inglaterra."

Dos meses habían pasado, y la cuestión ya se había disipado de nuestras mentes. Entonces una mañana vino una nota enigmática que se había deslizado en nuestro buzón. "Válgame Dios, Mr. Holmes. ¡Válgame Dios!" decía la singular epístola. No había ni sobrescrito ni firma. Yo me reí con el extraño mensaje; pero Holmes demostró una seriedad insólita.

—¡Una diablura, Watson! —remarcó, y se sentó con una frente nublada.

Tarde en la noche Mrs. Hudson, nuestra ama de llaves, trajo un mensaje que decía que un caballero deseaba ver a Holmes, y que el asunto era de la más enorme importancia. Seguidamente tras su mensajera entró Cecil Barker, nuestro amigo de la Manor House rodeada por un foso. Su fisonomía estaba esbozada y ojerosa.

—Me han dado malas noticias, terribles noticias, Mr. Holmes —dijo.

—Me lo temía —indicó Holmes.

—¿No tenía un telégrafo no es así?

—He recibido una nota de alguien que tiene uno.

—Es el pobre Douglas. Me dijeron que su nombre era Edwards; pero siempre será Jack Douglas de Benito Cañón para mí. Le comenté que comenzaron juntos un viaje a África del Sur en el Palmyra hace tres semanas.

—Exacto.

—La nave alcanzó Ciudad del Cabo anoche. Recibí este telegrama de Mrs. Douglas esta mañana.

"Jack se ha perdido a bordo en un vendaval en Santa Elena. Nadie sabe cómo ocurrió el accidente.
IVY DOUGLAS"

—¡Ha! ¿Ocurrió de esa forma, no es así? —expresó Holmes pensativamente—. Bueno, no dudo de que fue bien ideado.

—¿Quiere decir que no cree que fue un accidente?

—Absolutamente.

—¿Fue un asesinato?

—¡De hecho!

—Así también lo pienso. Estos Scowrers infernales, este vengativo nido de criminales...

—No, no, mi buen señor —advirtió Holmes—. Hay una mano maestra aquí. No es un caso de escopetas aserradas ni de incómodas pistolas de seis cargas. Puedes reconocer a un viejo maestro por el recorrido de su pincel. Puedo nombrar un crimen de Moriarty cuando estoy en presencia de uno uno. Este crimen es de Londres, no de América.

—¿Pero por qué motivo?

—Porque está realizado por un hombre que no puede permitirse fracasar, uno cuya única posición depende del hecho de que debe salir exitoso. Un gran cerebro y una enorme organización han sido empleadas para la extinción de un hombre. Es como estrujar una nuez con una máquina trituradora, un absurdo desperdicio de energía, aunque la nuez es totalmente aplastada.

—¿Cómo llegó este hombre a tener algo que ver con esto?

—Solamente puedo decir que el primer mensaje que nos llegó de este asunto fue de uno de sus lugartenientes. Estos americanos estaban bien aconsejados. Teniendo una labor inglesa que hacer, hicieron sociedad, como cualquier otro criminal extranjero haría, con este gran consultor del crimen. Desde ese mismo momento el hombre estaba condenado. Al comienzo se contentaría usando su maquinaria para encontrar a su víctima. Tras ello mostraría cómo el problema debería ser tratado. Finalmente, cuando leyó en las noticias sobre el fracaso de su agente, se haría a un lado para dar un toque magistral. Me oyó prevenir a este hombre en Birlstone Manor House que el peligro que venía era más grande que el pasado. ¿Estuve en lo correcto?

Barker golpeó su cabeza con su puño cerrado en su ira impotente.

—¿No me diga que tendremos que quedarnos de brazos cruzados sin hacer nada? ¿Dice usted que nadie puede llegar al nivel de este rey de los diablos?

—No, yo no dije eso —pronosticó Holmes, y sus ojos parecían estar observando lejos en el futuro—. No dije que no puede ser vencido. ¡Pero deben darme tiempo, deben darme tiempo!

Todos nos sentamos en silencio por algunos minutos mientras esos ojos funestos aún hacían un esfuerzo para traspasar aquel velo.

También disponible en esta colección:

El perro de los Baskerville

Índice

•FONTANA•

1. **LA DIVINA COMEDIA,** Dante
2. **EL ARTE DE LA GUERRA,** Sun Tzu
3. **LA ILÍADA,** Homero
4. **LA ODISEA,** Homero
5. **LA ENEIDA,** Virgilio
6. **EL RETRATO DE DORIAN GRAY,** Oscar Wilde
7. **LA METAMORFOSIS,** Franz Kafka
8. **FRANKENSTEIN,** Mary Shelley
9. **NECRONOMICÓN, LOS MEJORES RELATOS,** H. P. Lovecraft
10. **ALICIA EN EL PAÍS DE LAS MARAVILLAS,** L. Carroll
11. **A TRAVÉS DEL ESPEJO,** Lewis Carroll
12. **LA VUELTA AL MUNDO EN OCHENTA DÍAS,** J. Verne
13. **DRÁCULA,** Bram Stoker
14. **CUENTOS DE LA SELVA,** Horacio Quiroga
15. **EL FANTASMA DE LA ÓPERA,** Gaston Leroux
16. **LA BELLA Y LA BESTIA,** Vellencuve y Beaumont
17. **DE LA TIERRA A LA LUNA,** Julio Verne
18. **EL PROCESO,** Frank Kafka
19. **CUENTOS DE AMOR DE LOCURA Y DE MUERTE,** H. Quiroga
20. **ROMEO Y JULIETA,** William Shakespeare
21. **ASÍ HABLABA ZARATUSTRA,** Friedrich Nietzsche
22. **MANIFIESTO COMUNISTA,** K. Marx y F. Engels
23. **EL PRÍNCIPE,** Nicolás Maquiavelo
24. **EL KYBALIÓN,** Tres Iniciados
25. **MÁS ALLÁ DEL BIEN Y DEL MAL,** Friedrich Nietzsche
26. **EL ANTICRISTO,** Friedrich Nietzsche
27. **APOLOGÍA DE SÓCRATES,** Platón
28. **DIÁLOGOS,** Platón
29. **METAFÍSICA,** Aristóteles
30. **RETÓRICA,** Aristóteles
31. **ÉTICA A NICÓMACO,** Aristóteles
32. **ELOGIO DE LA LOCURA,** Erasmo de Rotterdam
33. **AURORA,** Friedrich Nietzsche
34. **AZUL...,** Rubén Darío
35. **SELECCIÓN POÉTICA,** Federico García Lorca
36. **SENTIDO Y SENSIBILIDAD,** Jane Austen
37. **EL FANTASMA DE CANTERVILLE Y OTROS RELATOS,** O. Wilde
38. **EL PRÍNCIPE FELIZ Y OTROS CUENTOS,** Oscar Wilde
39. **CORAZÓN: DIARIO DE UN NIÑO,** Edmondo de Amicis
40. **ALREDEDOR DE LA LUNA,** Julio Verne

41. **LA MURALLA CHINA,** Franz Kafka
42. **AMÉRICA,** Franz Kafka
43. **EL PERRO DE LOS BASKERVILLE,** Arthur Conan Doyle
44. **EL DOCTOR JEKYLL Y MISTER HYDE,** Robert Louis Stevenson
45. **YERMA · DOÑA ROSITA LA SOLTERA,** Federico García Lorca
46. **SELECCIÓN DE CUENTOS,** Hermanos Grimm
47. **SELECCIÓN DE CUENTOS,** Christian Andersen
48. **EL MARAVILLOSO MAGO DE OZ,** Lyman Frank Baum
49. **EL CREPÚSCULO DE LOS ÍDOLOS,** Friedrich Nietzsche
50. **LA REPÚBLICA,** Platón
51. **EL CUERVO Y OTROS POEMAS,** Edgar Allan Poe
52. **LA MÁSCARA DE LA MUERTE ROJA Y OTROS RELATOS,** E. A. Poe
53. **EL CONTRATO SOCIAL,** Rousseau
54. **TRES ENSAYOS SOBRE LA TEORÍA SEXUAL,** Sigmund Freud
55. **PRINCIPIOS ELEMENTALES DE LA FILOSOFÍA,** Georges Politzer
56. **POPOL VUH & CHILAM BALAM**
57. **CANCIÓN DE NAVIDAD,** Charles Dickens
58. **EL INVITADO DE DRÁCULA Y OTRAS HISTORIAS DE TERROR,** Bram Stoker
59. **SALOMÉ & UNA MUJER SIN IMPORTANCIA,** Oscar Wilde
60. **INVESTIGACIÓN SOBRE LA NATURALEZA Y CAUSAS DE LA RIQUEZA DE LAS NACIONES,** Adam Smith
61. **EL ESCARABAJO DE ORO Y OTROS RELATOS,** Edgar Allan Poe
62. **HOJAS DE HIERBA,** Walt Whitman
63. **TAO TE KING,** Lao Tse
64. **MARTÍN FIERRO,** José Hernández
65. **MARÍA,** Jorge Isaacs
66. **EL ARTE DE AMAR · EL REMEDIO DEL AMOR,** Ovidio
67. **EL PROFETA · EL JARDÍN DEL PROFETA,** Khalil Gibrán
68. **DESOBEDIENCIA CIVIL Y OTROS TEXTOS,** Henry David Thoreau
69. **EL VALLE DEL TERROR,** Arthur Conan Doyle
70. **LA TEOGONÍA,** Hesíodo
71. **LA CASA DE BERNARDA ALBA · LA ZAPATERA PRODIGIOSA,** Federico García Lorca
72. **LAS FLORES DEL MAL,** Charles Baudelaire
73. **EL TERROR EN LA LITERATURA,** H. P. Lovecraft
74. **EL MUNDO COMO YO LO VEO,** Albert Einstein
75. **LOS MITOS DE CTHULHU,** H. P. Lovecraft
76. **UTOPÍA,** Tomás Moro
77. **EL GATO NEGRO Y OTROS RELATOS,** Edgar Allan Poe
78. **EN LAS MONTAÑAS DE LA LOCURA,** H. P. Lovecraft
79. **CUMBRES BORRASCOSAS,** Emily Brontë